Die Geheimnisse der Hand

Erkenne deine Vergangenheit, Gegenwart und Zukunft

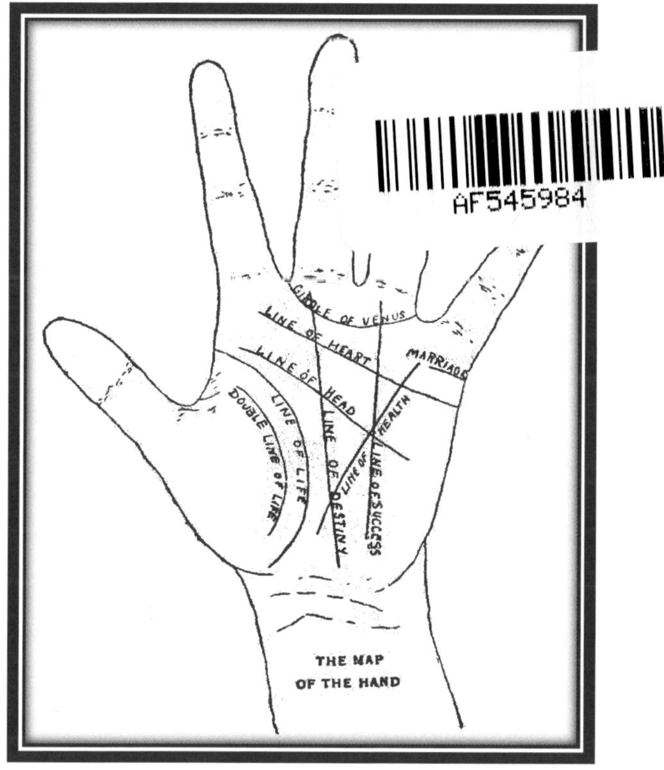

von

CHEIRO

Mit achtundsechzig Illustrationen

**Aus dem Englischen übertragen von
Ingrid Meyer, Berlin**

Weitere Bücher aus dem Bohmeier Verlag:

Magikon - Archiv für Beobachtungen aus dem Gebiet der Geisterkunde und des magnetischen und magischen Lebens nebst anderen Zugaben für Freunde des Inneren als Fortsetzung der Blätter aus Prevorst von Dr. Justinus Kerner, ISBN 978-3-89094-535-4

Das Rätsel des Menschen - Einleitung in das Studium der Geheimwissenschaften von Dr. Carl du Prel, ISBN 978-3-89094-450-0

Experimentelles Hellsehen (Experimente von Dr. A. N. Chowrin) - Die Erforschung des räumlichen Hellsehens von Dr. A.N. Chowrin, ISBN 978-3-89094-455-5

Studien zu den Geheimwissenschaften (Teil 1) - Unser magisches Weltbild - Tatsachen und Probleme von Dr. Carl du Prel, ISBN 978-3-89094-456-2

Studien zu den Geheimwissenschaften (Teil 2) - Praktische Experimente zur Hypnose, Psychologie und Metaphysik von Dr. Carl du Prel, ISBN 978-3-89094-483-8

Unsichtbare Welt - Okkultismus, Magie, Alchimie, Satanismus, Wahrsagerei, Astrologie, Spiritismus, Magnetismus und Hypnose v. Jules Bois, ISBN 978-3-89094-494-4

Die Geschichte der Templer - Die Geschichte des Ordens und seiner Tempelritter von Dr. Wilhelm Havemann, ISBN 978-3-89094-516-3

Geschichte des Johanniter-Ordens - Die Ritter und die Ordensgeschichte unter besonderer Berücksichtigung des Heermeistertums Sonnenburg oder der Ballei Brandenburg von Dr. Eduard Ludwig Wedekind, ISBN 978-3-89094-567-5

Cheiro (* 01.11.1866 in Dublin; † 08.10.1936 in Hollywood) war Okkultist und Autor zukunftsdeutender Werke. Geboren als ‚William John Warner', nahm er aber schon in frühen Jahren den Künstlernamen ‚Count Louis Hamon' an. Sein Pseudonym Cheiro basiert auf ‚cheiromancy' (Chiromantie = Handlesekunst). Diese Übersetzung aus dem Englischen wurde von Ingrid Meyer (Berlin) vorgenommen. Die englische Ausgabe erschien ursprünglich unter gleichem Titel (Secrets of the Hand – Your Past, Present and Future by Cheiro – und erschien in Herbert Jenkins Limited 3 York Street, London, S. W. I). Wir konnten trotz ausführlicher Recherche keinen Rechteinhaber ausmachen. Sollte es dennoch Rechteinhaber geben, bitten wir um Nachricht.

ISBN 978-3-89094-602-3

Die Geheimnisse der Hand

Erkenne deine Vergangenheit, Gegenwart und Zukunft

von

CHEIRO

Mit achtundsechzig Illustrationen

Aus dem Englischen übertragen von
Ingrid Meyer, Berlin

Inhaltverzeichnis

VORWORT DES HERAUSGEBERS ... 7
Über „Cheiro“ ... 7

„CHEIROS“ VORWORT DIE GESCHICHTE DER HANDLESEKUNST ... 10

KAPITEL I - DIE LEBENSLINIE ... 20

KAPITEL II - DIE KOPFLINIE ... 23
Weitere Einzelheiten zu der Kopflinie und ihren Bedeutungen ... 25

KAPITEL III - DIE HERZLINIE ... 28
Weitere Einzelheiten zu der Herzlinie ... 30

KAPITEL IV - DIE SCHICKSALSLINIE ... 32
Weitere Einzelheiten zu der Schicksalslinie ... 34

KAPITEL V - DIE ERFOLGSLINIE; AUCH SONNENLINIE GENANNT ... 37
Weitere Einzelheiten zu der Sonnen- oder Erfolgslinie ... 39

KAPITEL VI - DIE GESUNDHEITSLINIE ... 41
Weitere Einzelheiten zur Gesundheitslinie ... 42

KAPITEL VII - ANZEICHEN FÜR EINE HEIRAT ... 44
Weitere Einzelheiten zu der Heiratslinie ... 48

KAPITEL VIII - DER VENUSGÜRTEL ... 50

KAPITEL IX - DAS SYSTEM DER SIEBEN ... 51
Wie man Zeiten und Daten von Ereignissen erkennt ... 51

KAPITEL X - DER DAUMEN ... 53
Das erste Glied (oder Nagelglied) ... 54
Das mittlere Daumenglied ... 55
Das dritte Glied ... 56

KAPITEL XI - DIE NÄGEL ... 57

KAPITEL XII - ZUSAMMENFASSUNG ... 59

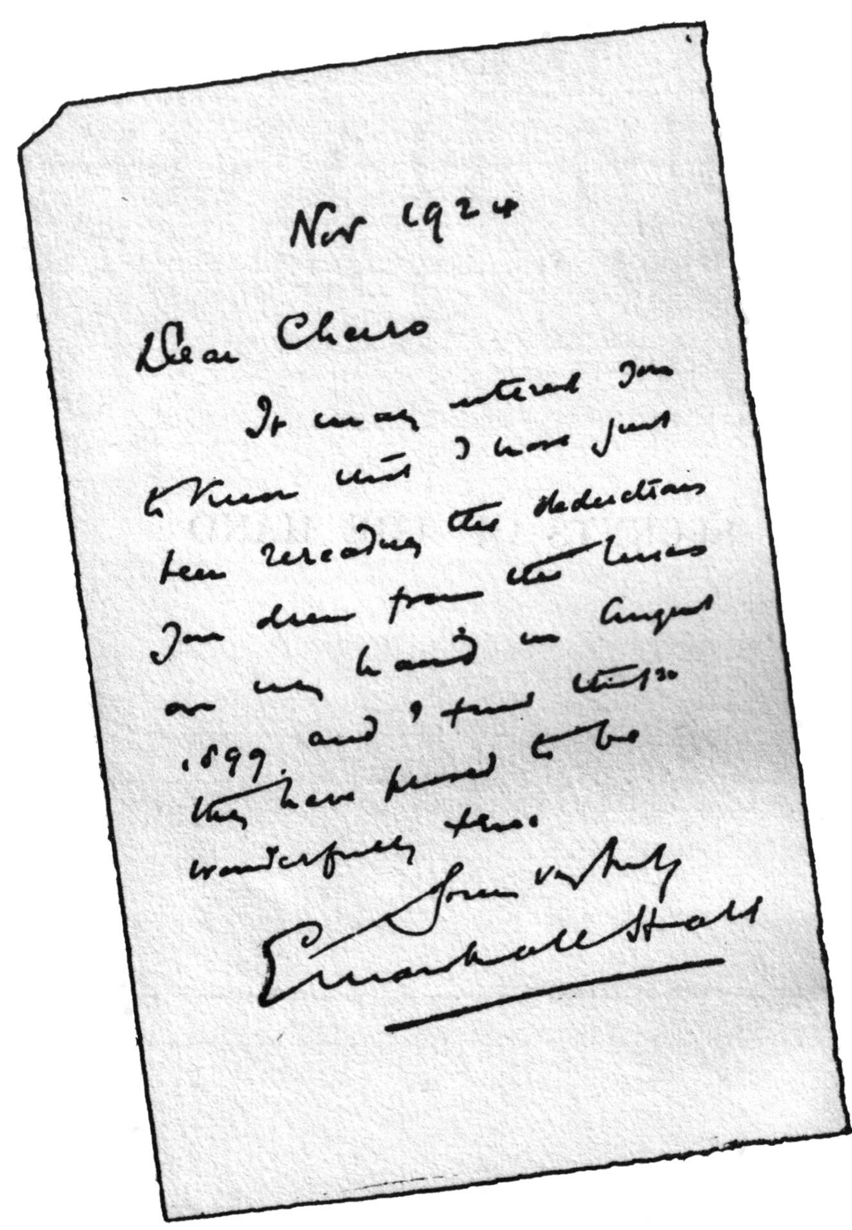

Nov 1924

Dear Cheiro

It may interest you to know that I have just been rereading the deductions you drew from the lines on my hand in August 1899, and I find that they have proved to be wonderfully true.

Yours very truly

E Marshall Hall

Ein Brief des verstorbenen Sir Edward Marshall Hall, K.C.

Vorwort des Herausgebers

„CHEIRO", der größte und erfolgreichste Handleser, den die Welt gesehen hat, hat sich nach zwanzig Jahren fortgesetzter Arbeit aus dem öffentlichen Leben zurückgezogen, und niemand hat mehr die Möglichkeit, ihn zu konsultieren.

Da „Cheiro" im Laufe der Jahre immer wieder bewiesen hat, dass es von großem Vorteil für alle Gesellschaftsschichten sein würde, wenn sie ihre Fehler, Schwächen und ihren wahren Charakter erkennen könnten, war es zumindest möglich, „Cheiro" davon zu überzeigen, die Geheimnisse seines wundervollen Wissens durch das Medium des Kinos weiterzugeben und der Welt ein preisgünstiges Buch für alle zu schenken, welches es jedem Menschen mit durchschnittlicher Intelligenz ermöglicht, die Linien und Zeichen seiner eigenen Hand zu erkennen, und daraus seine Vergangenheit, Gegenwart und Anzeichen für die Zukunft abzulesen. Auf diese Weise kann er Schädliches verhindern und das Beste aus sich selbst, seinen Möglichkeiten und seinem Charakter machen und somit die Wahrheit des großartigen griechischen Sprichwortes „Erkenne dich selbst" erfahren.

Eine Gelegenheit kommt nie zweimal, und auf diese Weise ist der Mann oder die Frau im Lebenskampf immer besser gewappnet, wenn schon vorher bekannt ist, *welche Gelegenheit* kommen wird.

Auf den nachfolgenden Seiten erläutet „Cheiro" klar und deutlich und in schnörkelloser Sprache die Bedeutung aller Zeichen der Hand, die er durch jahrelange Untersuchungen und Experimente belegt hat. Wer dieses Buch liest, kommt nicht umhin, nachzuprüfen, was das „Buch des Lebens" für ihn persönlich bereithält.

Über „Cheiro"

„Cheiro" ist der Name einer der bemerkenswertesten Menschen unserer Zeit, ein hochbegabter Mann, der, wenn er es nur gewollt hatte, in vielen Lebensbereichen hätte berühmt werden können, der es aber auf der Schwelle zum Mannesalter vorgezogen hat, in den Osten zu ziehen, um dort die vergessene Weisheit solcher wundervoller Völker wie den Hindus, Chinesen oder Persern zu studieren. Als er in die westliche Zivilisation zurückgekehrt war, legte er einen heiligen Schwur ab, dass er sich in den nächsten zwanzig Jahren dafür einsetzen würde, die intelligentesten und höchsten Persönlichkeiten der Welt davon zu überzeugen, an diese seltsame Wissenschaft, in der er selbst die Meisterschaft errungen hatte, zu glauben.

Der Erfolg bei der Durchführung seines Schwurs war phänomenal. Er hat die Handflächenabdrücke der meisten gekrönten Häupter der Welt, von Präsidenten und Wirtschaftsführern, erhalten und gelesen. Sie alle waren klug genug zu verstehen, dass „Cheiros“ Fähigkeiten, Schicksalsjahre im Voraus an den Handlinien zu erkennen, etwas ausgesprochen Wunderbares waren.

Um nur einige Beispiele beliebig herauszugreifen: „Cheiro“ sagte das Todesdatum von Queen Victoria voraus, ebenfalls Jahr und Monat des Todes von King Edward VII, das schreckliche Schicksal des verstorbenen russischen Zaren, die Ermordung des Königs Umberto von Italien, das Attentat auf den Schah in Paris und Tausende von Ereignissen im Leben bekannter Persönlichkeiten.

Es ist bekannt, dass eine der dramatischsten Voraussagen von „Cheiro“ im Jahr 1894 erfolgte (zwanzig Jahre vor dem eigentlichen tragischen Ereignis), als er Lord Kitchener das genaue Jahr seines Todes und wie er voraussichtlich sterben würde, prophezeite. Er machte diese Voraussage im Kriegsministerium mit folgenden Worten:

„Er, Kitchener, wird mit sechsundsechzig Jahren sterben – nicht gerade ein Alter, in dem man üblicherweise als Soldat auf dem Schlachtfeld stirbt – sondern er wird im Wasser umkommen, entweder durch einen Sturm oder eine Seekatastrophe, wobei es auch möglich ist, dass er von einem Feind gefangengenommen und ins Exil gebracht wird, wovon er sich nicht mehr erholen wird.“

Als „Cheiro“ diese Voraussage machte, war der große Kitchener ein einfacher Oberst, und im Jahre 1894 hatte „Cheiro“ seinen Handabdruck genommen, auf dem seltsamerweise auch ein Abdruck des Siegels des Kriegsministeriums auf seinem Mittelfinger zu sehen war. Hiervon konnte man sich anhand des Films überzeugen, der in allen wichtigen Kinos von England lief.

Lord Kitchener hat diese Prophezeiung nie vergessen. Wie man in der Presse der damaligen Zeit nachlesen kann, erwähnte er sie im ersten Weltkrieg an der Front gegenüber General de Ballincourt und Angehörigen seines Stabs.

Der tragische Untergang des Kriegsschiffes „Hampshire“ am Abend des 5. Juni 1916, *als Lord Kitchener sechsundsechzig Jahre alt war*, und die Möglichkeit, dass dieser großartige Soldat von der Besatzung eines feindlichen Unterseebootes gefangengenommen werden könnte, zeigt sich bereits in „Cheiros“ prophetischem Brief und ist ein erstaunliches Beispiel für die Genauigkeit seines Handlesesystems.

Eine ähnliche Vorhersage mit derselben Genauigkeit machte „Cheiro“ gegenüber dem renommierten Journalisten, W.T. Stead, als er ihm seinen Tod beim Untergang der „Titanic“ auf ihrer Jungfernfahrt prophezeite.

Man kann ohne Übertreibung sagen, dass „Cheiro“ durch seine Perfektion, die er in der Handlesekunst erworben hat, weltberühmt geworden ist. In London; Paris, New York, Boston, Chicago und allen großen Städten Amerikas, in Leningrad, Rom und den wichtigsten europäischen Großstädten hat er gezeigt, dass die Handlinien eine wahrhafte Landkarte des Lebens darstellen. Sein Erfolg wurde von allen Gesellschaftsschichten anerkannt und in seinem Gästebuch findet man handschriftliche Zeugenberichte, *die in der Weltgeschichte beispiellos sind.*

In diesem kleinen aber prägnanten Werk, das wir jetzt der Öffentlichkeit vorstellen, findet der Leser eindeutige Illustrationen der zahlreichen Linien, die so verwirrend wirken, wenn man ihre wirkliche Bedeutung nicht kennt. Der Autor beleuchtet das ganze Thema in seinem ihm eigenen klaren Stil, und so kann der Leser „sich selbst“ auf eine Weise kennenlernen, die mit keiner anderen Studie möglich wäre.

Wir zögern nicht zu sagen, dass dieses Buch in knapper Form ein kaum bekanntes Wissen bietet, das zum Wohle aller eingesetzt werden kann.

Die Herausgeber

„Cheiros“ Vorwort: Die Geschichte der Handlesekunst

Lieber Leser,

lass uns doch gemeinsam Platz nehmen – nur wir beide – und ich erzähle dir in einfachen Worten einige Tatsachen über die faszinierende Handlesekunst, von der du wahrscheinlich noch nie gehört hast.

Du warst wahrscheinlich zu sehr damit beschäftigt, die Dinge zu lernen, die du für deinen Broterwerb gebraucht hast, und um dir deinen Platz in der Welt zu sichern.

Ich dagegen war schon früh in meinem Leben in einer Situation, in der ich meinen Verstand ganz auf diese fremdartige Studie des Lebens konzentrieren konnte. Seit meinem zwanzigsten Lebensjahr habe ich sämtliche Literatur, die ich zu dem Thema finden konnte, gelesen. Ich reiste in Länder wie Indien – der Wiege des okkulten Wissens – und später, in Erfüllung eines Schwurs, den ich geleistet hatte, wandte ich dieses Wissen zwanzig Jahre lang professionell an, indem ich von frühmorgens bis spätabends die Hände der unterschiedlichsten Männer, Frauen und Kinder aus allen Teilen der Welt las.

Ich *sollte* also einiges über das Thema wissen, und du *solltest* in der Lage sein, dir einen großen Teil dieses Wissens anzueignen.

Lasse es mich also versuchen – und ich versichere dir, wenn du einfach versuchst, dem zu folgen, was ich dir zu erklären bereit bin, dann gibt es keine Studie, die faszinierender und für dich *lohnenswerter* ist.

Erstens wirst du hierdurch ein Wissen über dich selbst erhalten, das unbezahlbar ist; ebenso ein Wissen über andere, das dich ihnen überlegen macht; und zweitens wirst du durch dieses Wissen im Mittelpunkt des Interesses in der Stadt, der Gemeinde oder dem Dorf stehen, wo du lebst.

Gibt es irgendeine andere Studie, die dir dies ermöglicht?

Wir wollen uns einen Augenblick mit der Geschichte dieser Kunst befassen – wo sie herkam, welche Völker daran glaubten und welchen gesellschaftlichen Status die Männer und Frauen haben, die sich noch heutzutage nach den Warnungen und Hinweisen der Handlesekunst richten.

Du dachtest nicht, dass diese Kunst eine Geschichte hat, höre ich dich sagen! Du dachtest, es ist einfach eine Sache für abergläubische Menschen – die von fahrendem Volk an der Haustür verbreitet wird, usw.

Das hast du, lieber Leser, nur deshalb geglaubt, weil du es *nicht besser wusstest*.

Bist du erstaunt, wenn ich dir erzähle, – mein Ehrenwort, es stimmt und du kannst es nachprüfen, wenn du die Zeit hast – dass die Kunst, die ich dich lehren werde, *so alt ist wie die Sprache selbst*?

Die ersten Anzeichen einer aus Worten bestehenden Sprache, so lehren es uns die Geschichtsbücher, finden sich in der Morgendämmerung der Zivilisation bei den Indogermanen.

Ihren Nachfahren, den frühen Hindus, verdanken wir die Entdeckung der Wanderung der Äquinoktialpunkte - den Schwankungen in der Erdrotation - wodurch die Erde alle 25.600 Jahre einmal 360° durchläuft. Und erst in neuerer Zeit haben wir mit unseren großartigen Präzisionsmessgeräten nachgewiesen, *dass ihre Berechnungen zutreffend waren.*

Die intelligenten Fähigkeiten von Menschen, die eine solche Entdeckung möglich machen, sprechen für sich, und auf eben diese Menschen geht auch der Ursprung der Handlesekunst zurück.

In diesem frühen Zeitalter war das wichtigste Studienobjekt der Menschheit – der MENSCH. Die Hindus entdeckten, dass der Mensch der Inbegriff des gesamten Universums war – der wahre Sohn Gottes: Alles wurde für ihn und zu seinem Nutzen geschaffen, und durch ihre Studien am Menschen konnten sie „Gott erkennen“ und durch den Menschen die Werke Gottes verstehen.

Mit ihrem wunderbaren Wissen über das Universum und Himmelsbeobachtungen, die durch die Jahrtausende weitergegeben wurden, schufen sie die Wissenschaft der „Astrologie“ und der „Schicksalszahlen“ und entdeckten, welchen Einfluss das Planetensystem auf das Leben der Menschen hat.

Ihr Wissen, wie man anhand der Sternzeichen Charakter, Krankheiten und Schicksal eines Menschen erkennen kann, wurde uns über die Jahrhunderte überliefert und hat sich als genauso zutreffend erwiesen wie ihre Erkenntnisse zum Äquinoktium.

Bei ihren Studien am Menschen haben die frühen Hindus auch die Linien und Zeichen, die sich an allen Körperteilen des Menschen befinden, untersucht: Diese Wissenschaft nannten sie Samudrika bzw. die Lehre von den Linien des Körpers.

Hieraus abgeleitet wurde Hastrika – Die Studie der Handlinien oder die kleinere Wissenschaft von Samudrika.

Jene Zeit, als die Hindus dieses Wissen erforschten, war lange bevor die Dämmerung der Zivilisation die Nationen erreichte, die wir heute als Antike bezeichnen; lange Zeit bevor man von den Persern oder Ägyptern gehört hat; vor der Geburt von Abraham, dem Vater der Hebräer und somit auch lange vor der Zeit, als Moses die Zehn Gebote erhielt, die wir befolgen.

Die Handlesekunst kann weiterverfolgt werden durch so ferne Zivilisationen wie China, Tibet, Ägypten und schließlich Griechenland, wo sie von einigen der großen griechischen Philosophen geschätzt und gelehrt wurde.

Es war um das Jahr 440 v. Chr., als Anaxagoras seine Schüler in der Handlesekunst unterrichtete und diese auch selbst anwandte.

Hispanus schickte ein *mit goldenen Lettern* geschriebenes Buch über Chiromantie, wie man die Handlesekunst damals nannte, an Alexander den Großen und bezeichnete es als „eine Studie, die es wert ist, die Aufmerksamkeit des wachen und fragenden Geistes zu erwecken".

Auch große Persönlichkeiten wie Aristoteles, Plinius, Paracelsus, Cardamis, Kaiser Augustus und andere berühmte Menschen schätzten und studierten die Handlesekunst.

Durch Josephus, den Historiker der Juden wurde uns berichtet, dass Cäsar derart gut in dieser Kunst bewandert war, dass er „eines Tages, als ein sogenannter Sohn des Herodes um eine Audienz bei ihm bat, er sofort den Betrüger erkannte, *weil seine Hand jegliche Zeichen königlichen Geblüts vermissen ließ*".

Währen der furchtbaren Kriege, die dem Zerfall des römischen Reiches folgten, ging die Studie, mit der wir uns hier befassen, verloren, wie so viele andere Künste und Wissenschaften, bzw. sie wurde mit Aberglauben vermischt und fiel Landstreichern und Zigeunern in die Hände, die quer durch Europa zogen.

Nach der Bibel war im Jahr 1475 eines der ersten Bücher, das in beweglichen Lettern gedruckt wurde, ein Buch in deutscher Sprache mit dem Titel „Die Kunst Ciromanta" sowie 1490 ein weiteres Buch „Cyromantia Aristotelis cum Figuris", welches man heute im Britischen Museum betrachten kann.

Vom Festland gelangte die Handlesekunst nach Britannien und war dort so erfolgreich, dass Heinrich der VIII. ein Gesetz erließ, welches ihre Lehre und Anwendung verbot. Vielleicht befürchtete der „vielverheiratete Monarch" , dass seine zahlreichen Ehefrauen ihr Schicksal leicht im Voraus hätten herausfinden können, wenn sie diese Kenntnisse besessen hätten!

Seltsamerweise hat seine Tochter, Königin Elisabeth, diese Kunst unterstützt, und es ist bekannt, dass Dr. John Dee ihr königlicher Chiromant und Astrologe wurde und sie ihn zu allen wichtigen Staatsaffären befragte.

Weiterhin ist bekannt, dass der alte Handleser sie eines Tages vor der Invasion der spanischen Armada warnte und dass die Königin auf seinen Rat hin ihre „Feuerschiffe" bauen ließ, die die furchterregenden Galeonen der Spanier in die Flucht schlugen.

Wer weiß – vielleicht verdankt England seine Größe dieser Kunst?

Der heftigste Widerstand gegen die Anwendung und Weiterentwicklung okkulter Künste kam von „der Kirche“. Ich meine damit keine besondere Glaubensrichtung oder Sekte, sondern jegliche Ausprägungen der Kirche als Ganzes.

Es gibt dagegen einzelne Geistliche und Priester aller Glaubensrichtungen, die von der Genauigkeit dieser Kunst, mit der man den Charakter, die angeborenen oder erworbenen Fähigkeiten und ihren Einfluss auf die Zukunft des Menschen feststellen kann, überzeugt sind. Im Laufe meiner Arbeit habe ich Hunderte von Kunden getroffen, die Repräsentanten der verschiedensten Kirchen waren. Vater Vaughan schrieb nach seinem Besuch bei mir in London: „Gott segne Sie. Säen und ernten Sie.“ Diese Worte und seine Unterschrift in seiner charakteristischen Handschrift liegen vor mir, während ich dies schreibe.

Der gegenwärtige Bischof von Birmingham schrieb in mein Gästebuch:

> „An ‚Cheiro'.
>
> Die Vergangenheit exakt beschrieben – möge sich dies für die Zukunft ebenso erweisen. – Vielen Dank für Ihre klaren Aussagen und Ihre charmante Art, die Geschichte des Lebens zu erzählen.“

(Unterschrift) H. RUSSELL WAKEFIELD

> Der leitende Direktor der Methodistenversammlung in Amerika, der Reverend Dr. Davidson, schrieb: „Der Tenor von allem, was ‚Cheiro' sagt, ist erhebend und hilfreich. Ich glaube an ‚Cheiro' und habe meine Skepsis überwunden. Ich werde auf der Grundlage dieser Gedanken weiterarbeiten.“

(Unterschrift) WILBUR L. DAVIDSON

> Der Reverend Minot J. Savage, einer der führenden Persönlichkeiten der Presbyterian Church of Boston, USA, schrieb:
>
> „Ich bin sehr am Lesen meiner eigenen Hand interessiert. Ich habe großen Respekt vor der Genauigkeit der Arbeit von ‚Cheiro'“.

(Unterschrift) M.J. Savage

Ich könnte noch Hunderte solcher Aussagen zitieren, aber „die Kirche“ als solche steht der Anwendung der okkulten Wissenschaften immer feindlich gegenüber und vergisst dabei völlig, dass jede Religion an sich ein okkultes Mysterium ist.

Bei der Übertragung der Bibel aus dem hebräischen Originaltext wurden alle Texte, die sich auf Astrologie oder Handlesekunst beziehen, im Sinne der Ansichten der Übersetzer abgeändert. Ein bemerkenswertes Beispiel hierfür findet sich im 37. Kapitel im Buch Hiob, Vers 7, wo es im hebräischen Text heißt:

„Gott schuf Zeichen oder Siegel auf den Händen aller seiner Menschenkinder, damit die Menschenkinder ihre Werke erkennen würden..“

Dieser Vers führte im 16. Jahrhundert zu ausgiebigen Diskussionen unter den Theologen, wobei die vorstehend beschriebene Interpretation auch von so großen Denkern wie Francescus, Schultens, Lyrannus, Thomassin und Debrio unterstützt wurde.

Lieber Leser, an den Widerstand „der Kirche“ wirst du dich gewöhnen müssen. Allerdings erhältst du auch deine Genugtuung, wenn du dich auf Kirchenbasaren umschaust und dort die vielen Stände findest, die „die heilige Kunst des Handlesens“ anbieten. Und weiterhin wird es dich befriedigen, wenn du erfährst, dass die „Handlesekunst“ mehr Geld für die Kirchenspende eingebracht hat als alle anderen Attraktionen.

Wir wollen uns jetzt kurz dem wissenschaftlichen Aspekt der Frage zuwenden: Warum die Form der Hände den Charakter beschreibt und wieso die Handlinien ein offenes Buch für jene sind, die sie richtig lesen können.

Nehmen wir zuerst die Form der Hände: Bedenke, lieber Leser, dass zum Beispiel für einen Pferdekenner die Form und das Profil des Pferdes, insbesondere die Hufe, eine eigene Sprache sprechen.

Auf den ersten Blick kann ein solcher Fachmann die Qualität und Herkunft eines Pferdes erkennen, er weiß, für welche Arbeit das Tier geeignet ist und *welche Zukunft* ihm bevorsteht, insbesondere wenn es um seine Karriere geht.

Wenn dies alles möglich ist, indem ein Pferdekenner sich einfach die Gliedmaßen eines Tieres ansieht, dann kann umso mehr jemand, der die Form von Händen untersucht hat, interessante Einzelheiten feststellen, indem er sich einfach den Umriss der Hand ansieht!

Hat das Pferd einen klobig wirkenden Huf, dann ist das Pferd ebenfalls klobig, schwerfällig und unbeholfen und weniger intelligent als ein Pferd mit einem feinen, elegant geformten Huf.

Die gleiche Regel trifft auch auf Menschen zu. Eine dicke, klobig wirkende Hand gehört mit Sicherheit einem sehr wenig intelligenten Menschen, wogegen eine fein wirkende Hand natürlicherweise einem höherentwickelten Wesen der menschlichen Spezies gehören muss.

Sir Charles Bell sagt: „Wir sollten die Hand eines Menschen immer als etwas ansehen, das individuell zu ihm gehört und in seiner Empfindsamkeit und Geschicklichkeit immer seinen geistigen Fähigkeiten entspricht."

Quintilian vereist darauf, wie wunderbar die Hand ist, indem er schreibt: „Die anderen Körperteile unterstützen den Sprecher, wogegen die Hände, wenn ich so sagen darf, für sich selbst sprechen; sie fragen, sie versprechen, sie provozieren, sie entlassen, sie drohen, sie flehen, sie missbilligen, sie drücken Angst aus, Freude, Kummer, Zweifel, Zustimmung und Reue."

Wir wollen jetzt einmal untersuchen, inwiewcit wir von der Wissenschaft in unserer Überzeugung, dass die Handlinien eine *noch größere Bedeutung* haben, unterstützt werden.

Wahrscheinlich hast du noch nicht davon gehört, dass mehr Nerven in der Hand mit dem Gehirn verbunden sind als in allen anderen Teilen des Körpers. Diese Nerven wurden in Laufe der Generationen so hochentwickelt, dass sie sowohl passiv als auch aktiv in jeder Hinsicht *der willige und gehorsame Diener jedes Gedanken sind, der unser Gehirn durchläuft.*

Der bekannte Professor Meissner entdeckte1853, dass die Korpuskeln in den Fingerspitzen und in den Handlinien wichtige Nervenenden enthielten, die mit dem Gehirn verbunden sind und, solange der Mensch lebt, in gewisses Zittern oder Vibrieren von sich geben, das mit dem Lebensende erlischt.

Einige Jahre später wurden in Paris Experimente durchgeführt, die den Beweis dafür lieferten, dass Menschen, die besonders gut hören, diese bei jedem Menschen unterschiedlichen Schwingungen wahrnehmen können. So konnte zum Beispiel ein blind geborener Mann, dessen Gehörsinn von Natur aus besonders ausgeprägt war, anhand dieser Vibrationen Dinge wie „Geschlecht, Alter, Temperament, Gesundheitszustand und *sogar das Bevorstehen von Krankheit oder Tod erkennen.*"

Jetzt verstehst du sicher, warum man unter Millionen von untersuchten Händen *niemals auch nur zwei Menschen mit den gleichen Linien finden würde.*

In seinem berühmten Werk „Religio Medici" hat Sir Thomas Browne, nachdem er erst über Physiognomie referiert hat, Folgendes angemerkt:

„Neben den Charakterzügen in unseren Gesichtern gibt es mysteriöse Formen auf unseren Händen, die ich nicht einfach als wahllose Striche oder Linien bezeichnen möchte, denn wenn ich sie mit einem Stift nachzeichne, ergibt sich immer etwas Besonderes, und es interessiert mich auch deshalb, weil ich dies auch auf meinen eigenen Händen vorfinde und sich diese Abbildungen nicht in gleicher Weise an anderen Händen ablesen oder wiederholen lassen."

Bei den Studien am Menschen wurde nicht nur vorausgesetzt, dass es von der Natur festgelegte Plätze für die Nase, Augen, Mund usw. gibt, sondern dass auch die Linien der Hand an den von der Natur dafür vorgesehenen Stellen sind, nämlich, die Kopflinien, die Lebenslinie usw.

Wenn nun also die Nase eines Mannes anstatt an der natürlichen Stelle zum Beispiel aus seiner Stirn herausragen würde, dann würdest du doch sicher denken, „Was für ein unnatürlicher Mensch ist das wohl?“, und hättest recht damit.

Nun überlege dir mit dem gleichen Argument, wie es wäre, wenn du dir einen Mann oder eine Frau ansiehst, wo die Kopflinien aufwärts schießen anstatt in ihrer normalen Position über die Hand zu laufen; dann hättest du ebenfalls völlig recht, wenn du dir sagst, „Dieser Mensch muss sehr unnatürlich sein.“ Aber das Beste an dieser Sache kommt noch, denn du kannst von der Betrachtung der Hand aus einen Schritt weitergehen. Du könntest mit absoluter Sicherheit sagen, „dass dieser Mensch mörderische Veranlagungen hat“, und wenn du dich schon etwas intensiver mit dieser Studie befasst hättest, könntest du tiefer in die Materie gehen und sagen: „An diesem bestimmten Datum wird der Mann oder die Frau *einen Mord begehen*“.

Mit dem gleichen Argument kannst du anhand dieser Studie nicht nur Veranlagungen zum Töten feststellen, sondern mit ebenso großer Genauigkeit „Erfolgstendenzen“ erkennen, denn nach allem was bekannt ist, ist der Erfolg eines Menschen und zum Beispiel der Nichterfolg seines Bruders von einer *Vielzahl unterschiedlicher Eigenschaften der Persönlichkeit* abhängig.

Wenn ein Kind in einer äußerst bescheidenen Hütte auf dem Land geboren wird, aber die sogenannte Erfolgslinie auf seiner Hand deutlich erkennbar ist, so wird dieses *Kind trotz aller Hindernisse und Schwierigkeiten* seinen erfolgreichen Weg durchs Leben gehen. Der Mangel an Erziehung und Unterricht wird ausgeglichen werden, die fehlende Bildung wird in späteren Jahren durch härtere Arbeit an der „Abendschule“ kompensiert usw., da die angeborenen Eigenschaften wie Charakter, Willenskraft und Lernfähigkeit den Knaben oder das Mädchen in den „Kampf ums Überleben“ treiben und sie schließlich *in die Stellung bringen, die von ihrer Veranlagung für sie vorgesehen war.*

Nicht nur die „Mörderneigungen“ zeigen sich schon in frühesten Tagen auf den Händen, sondern auch die erfolgbringenden Veranlagungen und Eigenschaften.

Und dies ist der Grund, warum diese Studie von unschätzbarem Wert für Eltern und Betreuer von Kindern sein kann, aber auch für alle Männer und Frauen, die das Beste aus ihrem Leben machen wollen.

Wenn du, lieber Leser, eine Straße entlanggehen würdest und in der Ferne siehst, dass die Brücke über der Schlucht zerstört ist, würdest du dann einen anderen Weg wählen und warten, bis die Brücke repariert ist, oder allen warnenden Anzeichen zum Trotz achtlos weitergehen?

Nein! Als vernünftiger Mann oder vernünftige Frau würdest du Letzteres sicher nicht tun.

Durch das Studium der Hand kannst du deine Veranlagungen im Voraus erkennen. Du kannst sehen, *ob es einen Bruch auf deinem Lebensweg gibt oder nicht*.

Sollte dies der Fall sein und du die Warnung rechtzeitig vernimmst, dann kannst du entweder die Umstände, die „deine Straße" zerstören, verändern oder einen ganz anderen neuen „Weg" einschlagen.

Der arme Mensch mit den „Mörderzeichen" auf seiner Hand mag vielleicht als Kind regelmäßig auf dem Schoß seiner Mutter sein Abendgebet gesprochen haben, hat aber dabei vergessen, seiner Veranlagung und seiner Neigung, *die ihn schon damals beeinflusste*, entgegenzuwirken. Und die arme Mutter, die Jahre später anhören musste, dass ihr geliebtes Kind zum Tode durch den Strang verurteilt wurde, hatte nicht geahnt, dass es bereits *eine Warnung vor der zerstörten Straße der Zukunft* auf den zum Abendgebet gefalteten Händen ihres Babys zu sehen gab.

Das Schreckliche daran ist – *es nicht gewusst zu haben*. Das Dumme daran ist – die vielen anderen Dinge im Leben gelernt zu haben und sich nicht mit dieser einen Studie der Hand befasst zu haben, *die sie rechtzeitig hätte warnen können*.

Manche halten die Handlesekunst für unreligiös – andere sagen, es sei „eine Reise in die Vorhersehung", um die Zukunft vorhersagen zu können.

Ach, Religion! Wie viele Verbrechen werden in deinem Namen verübt? Wie viele ruinierte Leben sind unter deinen Altaren aufgehäuft?

Der Gott des Wissens *belohnt Wissen*. Er hat keine Geduld *mit der Unwissenheit*. Wenn du deine Hand ins Feuer legst und *Schmerzen hast*, dann wird Gott dies nicht verhindern – nur deine Erfahrung ist dein Schutz.

„Wissen" ist das heilige Recht des Menschen. Es ist dieser *Wissensdrang*, der den Menschen vom Tier unterscheidet.

Ich bin deshalb überzeugt, dass der Mensch, der seine Hand mit dem Wunsch liest, hierdurch seine Neigungen zu erkennen, *den höchsten Instinkten der Schöpfung gehorcht.*

Auch das junge Mädchen, das durch Studien welcher Art auch immer versucht herauszufinden, wie seine Chancen für eine glückliche Ehe stehen, *folgt den natürlichsten Trieben der Natur.*

Wenn die junge Frau hierdurch erfährt, dass es besser ist, noch ein paar Jahre auf ihr Glück zu warten, dann hat sie mit genau derjenigen Vorsicht und Besonnenheit reagiert, die stets für alle Fragen des Alltags angeraten wird, und anstatt für dumm angesehen zu werden sollte sie belohnt werden. Und *sie wird belohnt werden*, vorausgesetzt, dass sie das Wissen erworben hat, *das Beste aus sich zu machen.*

Es ist unbestritten, dass unsere Veranlagungen, die Taten und Handlungen in der Zukunft zur Folge haben, an den Linien unserer Hände abgelesen werden können. Es ist außerdem unbestritten, dass diese Veranlagungen und die daraus folgenden Handlungen verändert werden können, vorausgesetzt, *dass die Anstrengung zu ihrer Veränderung früh genug erfolgt.*

Dies geschieht derart selten, dass das Schicksal auf seinem Thron im Universum sitzt und über unsere Blindheit spottet.

In Tausenden von Fällen habe ich Menschen vor der „zerstörten Straße“ und wohin sie führen würde, gewarnt. Meistens lachten sie über diese Warnung und verfluchten schließlich Gott, wenn *es zum Zahltag* kam.

Aber glaube mir, lieber Leser, der Schöpfer aller Dinge hat keine Hintertürchen in seinem Entwurf offengelassen. Alles strebt nach Perfektion in seinem Plan, und dieser Plan bedeutet die höchste Perfektion der Menschheit. Wenn dieser Plan sich in den Linien und Zeichen der Hand manifestiert, dann sollte die Handlesekunst eine Kunst sein, die die besten Instinkte jener Menschen anspricht, die sie für sich nutzen wollen, in dem berechtigten Wunsch, sich selbst zu verbessern und somit den göttlichen Plan zu unterstützen.

„Cheiro“

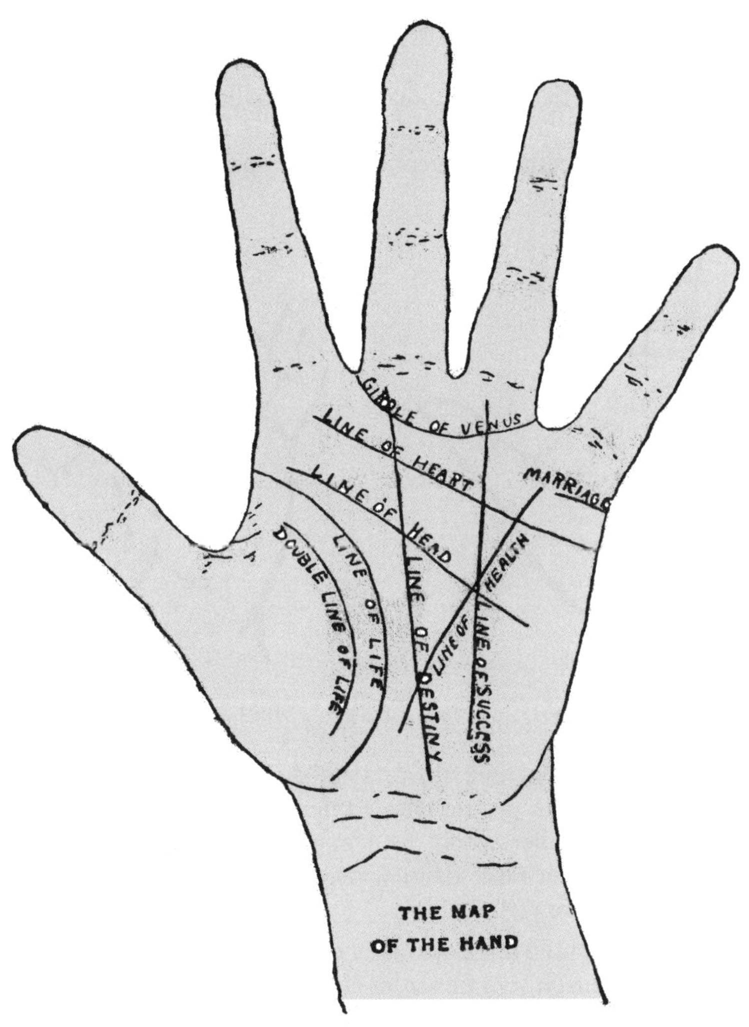

Die Karte der Hand:

Circle of Venus = Vernusgürtel
Line of Heard = Herzlinie
Marriage = Hochzeit
Line of Head = Kopflinie
Line of Health = Gesundheitslinie
Line of Success = Erfolgslinie, auch *Sonnenlinie* genannt.
Line of Destiny = Schicksalslinie
Line of Life = Lebenslinie
Double Line of Life = Doppelte Lebenslinie auch *Marslinie* genannt.

Kapitel I - Die Lebenslinie

Die Lebenslinie läuft im Kreis um den Daumenballen. Eine kurze Lebenslinie ist ein Hinweis auf ein kurzes Leben. Verläuft die Lebenslinie um den Ballen herum und ist dabei deutlich ausgeprägt, so verspricht dies ein langes Leben. (Abb. 1).

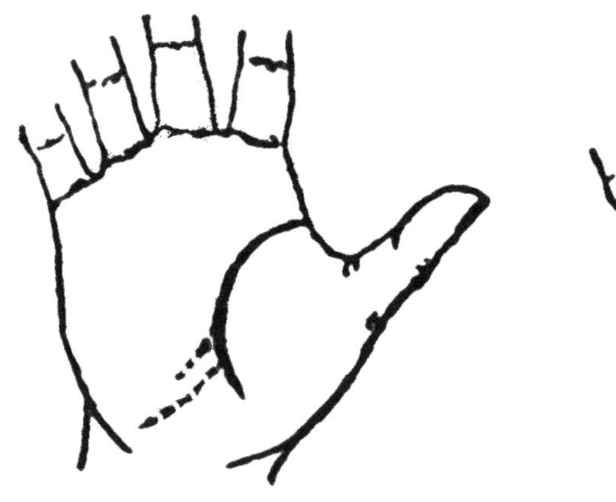

Die Lebenslinie: Abb. 1

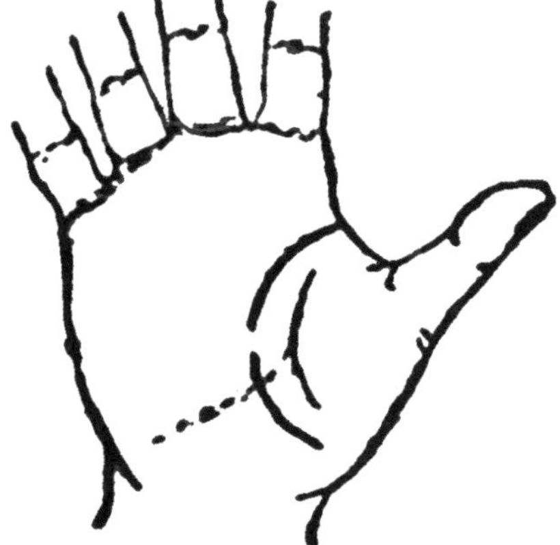

Die Lebenslinie: Abb. 2

Linien, die von der Lebenslinie abwärts auf die dem Ballen gegenüberliegende Seite verlaufen (siehe gestrichelte Linien), versprechen lange Reisen zu Land und zu Wasser, aber wenn die Hauptlinie weiterhin deutlich um den Ballen herum zu erkennen ist, dann wird der Mensch immer wieder in sein Heimatland zurückkehren (Abb. 1).

Wenn sich die Lebenslinie am Ende nach außen und vom Ballen weg krümmt, dann beendet der Mensch sein Leben in einem fernen Land.

Eine gebrochene Lebenslinie zeigt das Todesdatum des Menschen an der Stelle an, wo der Bruch zu sehen ist (Abb. 2).

Wenn der Bruch in der Lebenslinie der *linken* Hand zu sehen ist, aber in der *rechten* Hand zusammengewachsen ist, so weist dies auf die Überwindung einer gefährlichen Krankheit oder das knappe Entkommen vor dem Tod hin. Ist die Linie auf beiden Händen unterbrochen, so ist dies ein untrügliches Zeichen für den Tod.

Eine doppelte Lebenslinie (siehe innere Linie), die auch die Marslinie genannt wird, weist auf große Lebenskraft hin (Abb. 2). Wenn sie hinter der gebrochenen Lebenslinie verläuft, weist dies darauf hin, dass das Leben weitergehen wird, wie schwer die Krankheit oder der Unfall auch gewesen sein mag.

Wenn die Marslinie einen Ast durch die Lebenslinie zur gegenüberliegenden Seite der Hand hin besitzt (siehe gestrichelte Linie), dann weist dies auf Unbesonnenheit und Kopflosigkeit hin, die an der Stelle, wo die Linie die Lebenslinie kreuzt, ebenfalls zu einer Todesgefahr werden kann (Abb. 2).

Besteht die Lebenslinie aus Gliedern wie bei einer Kette oder vielen kleinen Stücken, so ist dies ein sicheres Zeichen für Anfälligkeit und Kränkeln. Folgt der Kette eine klar sichtbare Linie, dann wird sich die körperliche Verfassung an dem Zeitpunkt verbessern, wenn die Linie deutlich wird. Bleiben dagegen die Kettenglieder oder die kleinen Stückchen die gesamte Linie über bestehen, so wird der schlechte Gesundheitszustand bis zum Lebensende bestehen bleiben (Abb. 3).

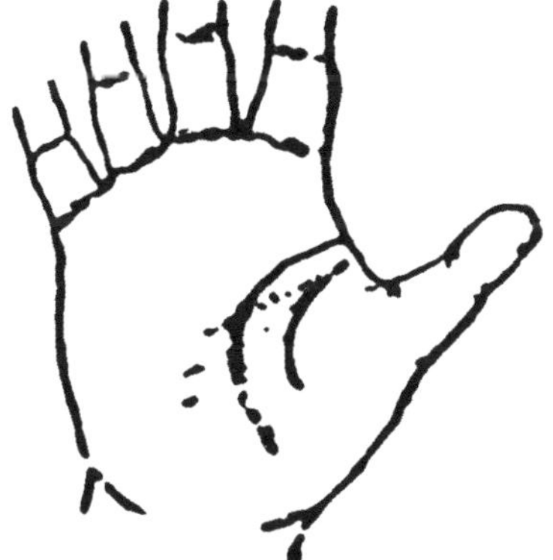

Die Lebenslinie: Abb. 3

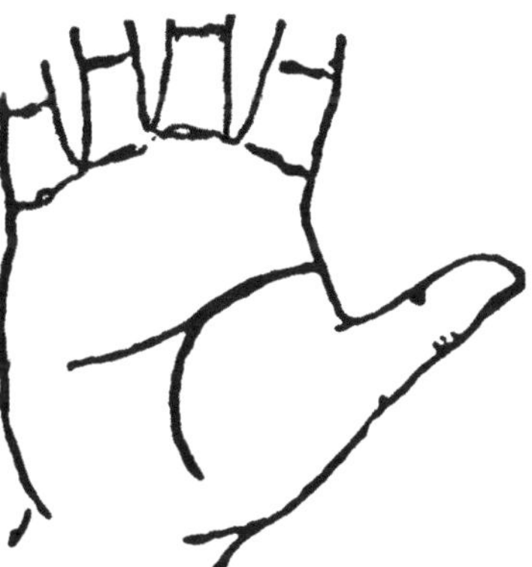

Die Lebenslinie: Abb. 4

Wenn sich viele dünne Linien durch die Lebenslinie und die Marslinie bis zur gegenüberliegenden Seite des Ballens ziehen, so wurde die schlechte Gesundheit überwiegend durch die Genusssucht des Menschen, seine Zügellosigkeit und ähnliche Ursachen verursacht (siehe gestrichelte Linien). (Abb. 3).

Wenn die Lebenslinie und die Kopflinie *auf halber Strecke abwärts fest miteinander verbunden sind*, so weist dies auf einen extrem nervösen, überempfindlichen Menschen hin. Sieht die Lebenslinie zusätzlich dünn aus, so wird der Mensch krank, weil er sich zu sehr sorgt. Er ist außerdem extrem schüchtern, übervorsichtig und hat wenig Mut, den Realitäten des Lebens ins Auge zu sehen (Abb. 4).

Sind dagegen die Lebenslinie und die Kopflinie nur wenig miteinander verbunden, so ist der Mensch zwar ebenfalls sensibel und vorsichtig, aber nicht übermäßig.

Verläuft die Lebenslinie eng am Daumenballen (auch Venusberg genannt), so dass der Ballen klein wirkt, sind die physischen oder psychischen Kräfte niemals besonders ausgeprägt (Abb. 5). Solche Menschen zeigen wenig Leidenschaft in ihrem Liebesleben, sind steril wenn sie heiraten und haben selten Kinder.

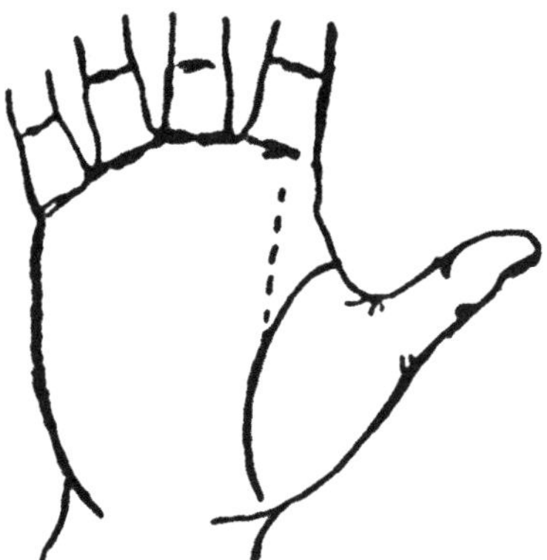

Die Lebenslinie: Abb. 5

Das Gegenteil ist der Fall, wenn die Lebenslinie weit in die Handfläche hinein verläuft und dadurch den Daumenballen groß und hervorstehend erscheinen lässt.

Kapitel II - Die Kopflinie

Wenn die Kopflinie, auch Verstandeslinie genannt, gerade über die Hand verläuft, dann weist dies auf einen „verstandesbetonten“ Menschen hin und verspricht in dieser Position Erfolg im Geschäftsleben und in praktischen Dingen (Abb. 1).

Biegt sich die Linie abwärts in Richtung auf das Handgelenk oder auf das andere Ende der Handfläche, so bedeutet dies Vorstellungskraft, Erfindungsreichtum, Romantik, Idealvorstellungen und künstlerische Qualitäten (Abb. 2).

Neigt sich die Linie noch weiter herab und krümmt sich in Richtung auf den Berg am gegenüberliegenden Handballen hin, dann bedeutet dies Vorstellungskraft, extreme Empfindsamkeit, Melancholie und Selbstmordgefährdung (Abb. 3).

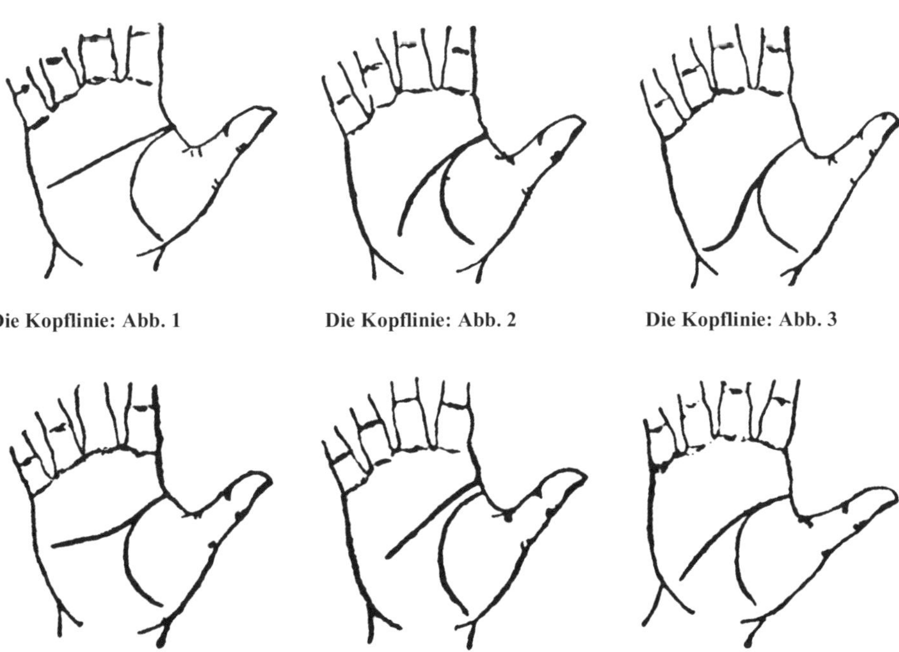

Die Kopflinie: Abb. 1 **Die Kopflinie: Abb. 2** **Die Kopflinie: Abb. 3**

Die Kopflinie: Abb. 4 **Die Kopflinie: Abb. 5** **Die Kopflinie: Abb. 6**

Weist die Linie aufwärts in Richtung zum „kleinen Finger“, so bedeutet dies einen gewalttätigen Charakter, Mordabsichten aus Habgier oder zum persönlichen Vorteil sowie eine extrem entschlossene, egozentrische Veranlagung (Abb. 4).

Ist die Kopflinie von der Lebenslinie getrennt, bedeutet dies Selbstbewusstsein, Impulsivität, Schnelligkeit, aber auch Neigung zu Unüberlegtheit und Tollkühnheit, wenn der Abstand zwischen den Linien sehr groß ist (Abb. 5).

Ist sie *eng mit der Lebenslinie verbunden*, bedeutet dies einen Mangel an Selbstvertrauen, große Vorsicht und extreme Empfindlichkeit (Abb. 6).

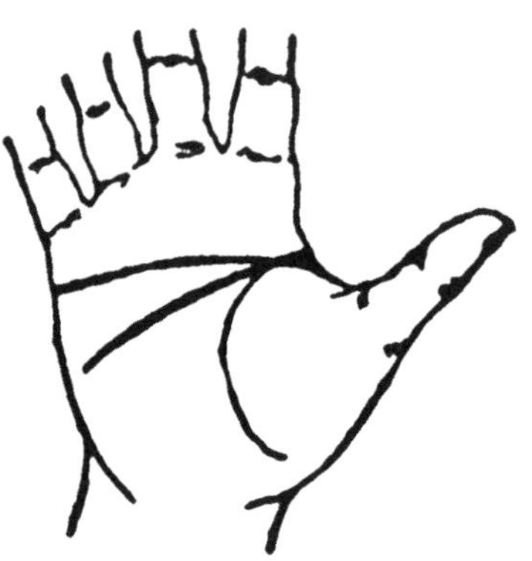

Die Kopflinie: Abb. 7

Verläuft die Linie quer über die Handfläche von einer Seite zur anderen bedeutet dies ungewöhnlich scharfen Verstand in praktischen Dingen, aber dieser Mensch geht bei seinen Unternehmungen immer bis an das Äußerste. Ist dagegen auf einer solchen Hand auch eine Herzlinie (unterhalb der Finger) zu sehen, so verändert dies seine Veranlagungen und verhindert, dass der Mensch so unerbittlich oder entschlossen ist, wie er es wäre, wenn nur die Kopflinie über die Hand verlaufen würde (Abb. 7).

Erscheinen die Kopf- und die Herzlinie gemeinsam und laufen beide quer über die Handfläche von einer Seite zur anderen, dann ist der Mensch in Liebesdingen ebenso entschlossen wie in allen anderen Dingen, mit denen er sich beschäftigt (Abb. 8).

Wenn diese Menschen lieben, so lieben sie mit aller Kraft ihrer Veranlagung; wenn sie hassen oder zurückweisen, so tun sie dies mit der gleichen Intensität. Sie warten jahrelang auf den Menschen, den sie lieben, und in ihrem Hass warten sie ebenso lange auf ihre Rache.

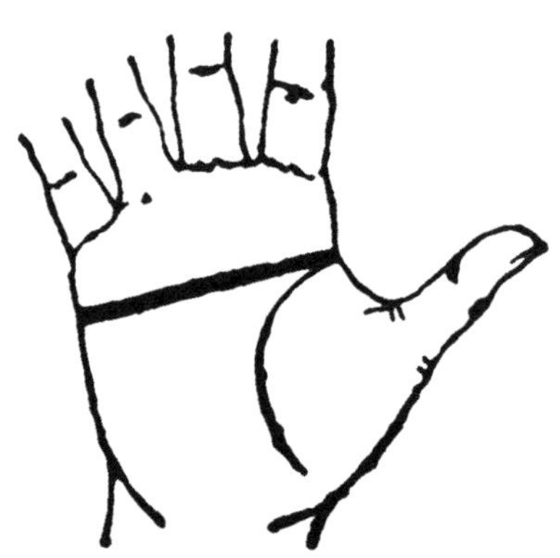

Die Kopflinie: Abb. 8

Sie sind extrem „egozentrisch“ und schotten sich gegenüber allem anderen ab, wenn sie sich mit etwas beschäftigen.

Es handelt sich hierbei um ein sehr ungewöhnliches Zeichen, welches man *nur bei einem Menschen unter etwa zehntausend findet*. Aus diesem Grund hat ein Mensch mit dieser Linie *nur wenige echte Freunde*. Befinden sich auf der Hand auch gute Zeichen, wie die Schicksals- oder die Erfolgslinie, so kann ihr Besitzer davon ausgehen, dass er letztlich seine Ziele erreichen wird, sei es in der Liebe oder in materiellen Dingen.

Man darf diese Linie nicht mit dem „Mörderzeichen“ verwechseln, d.h., wenn die Kopflinie *sich aufwärts richtet bzw. durch oder gegen die Herzlinie läuft* und hierdurch die gütigen Veranlagungen des Menschen zerstört oder aufhebt. Das „Mörderzeichen“ findet man eher auf einer groben, dicken und kurzen Hand, auf der sich die Kopflinie gegen die Herzlinie aufrichtet (die menschlichere Seite der Natur).

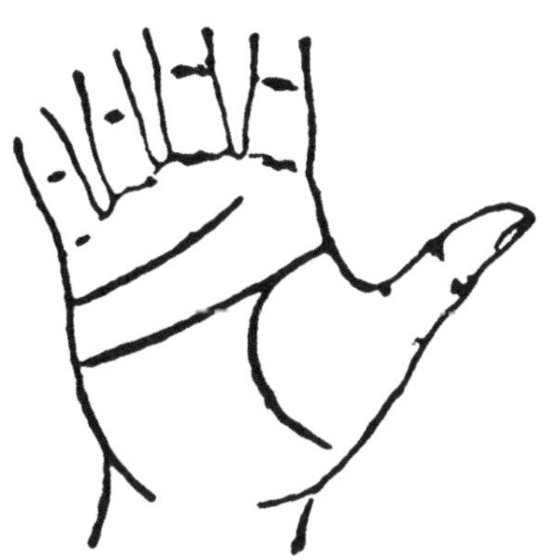

Die Kopflinie: Abb. 9

Wenn sich die Kopf-, Herz- und Lebenslinie treffen (Abb. 9), besteht die Gefahr von Unfällen oder eines gewaltsamen Todes. Der Grund hierfür ist immer in der typischen Veranlagung des Menschen zu finden. Solche Menschen scheinen der Gefahr nicht ausweichen zu können – sie stoßen mit ihr zusammen oder ziehen sie an, da sie zum Beispiel in einer kritischen Situation „den Kopf zu verlieren“ scheinen und das Falsche tun.

Weitere Einzelheiten zu der Kopflinie und ihren Bedeutungen

In meinem Werk betrachte ich die Kopflinie oder auch Verstandeslinie als das wichtigste Zeichen, dass man auf der Hand finden kann. Eine Kopflinie ist wie eine Kompassnadel, ohne die es nicht möglich ist, die „Richtung des Themas“ zu erkennen. Die meisten Fehler, die ich miterlebt habe, entstanden durch mangelnde Kenntnis dieser Tatsache.

Zum Beispiel habe ich erlebt, dass viele Schüler den Irrtum begehen, der offenbar gut aussehenden Erfolgslinie eine große Bedeutung beizumessen, ohne dabei zu bemerken, dass eine schwache, schlecht geformte Kopflinie dem Erfolgsversprechen verschiedener anderer Linien entgegenstand. Hätte der Schüler dagegen zuerst die Kopflinie beachtet, hätte er dem Menschen sagen können, dass das Erfolgsversprechen nicht durch seine Intelligenz oder Mentalität unterstützt wird.

Was die Zukunftsvoraussage betrifft, so hat sich herausgestellt, dass das Gehirn sich immer verändert, wächst, größer oder kleiner wird. Diese Veränderungen beginnen viele Jahre *bevor sich ihre Auswirkungen durch Gedanken oder Handlungen des Menschen zeigen.* Bei einem Knaben können zum Beispiel mit zehn Jahren Entwicklungen einsetzen, die sich erst mit dreißig auswirken und dann vielleicht sein gesamtes Leben und seine Karriere verändern. Da diese Entwicklung schon mit zehn Jahren begonnen hat, wurden hiervon auch bereits bestimmte Nerven betroffen, die wiederum *die Handlinien beeinflusst haben – ganze zwanzig Jahre bevor die Veränderung im Leben oder Handlung stattgefunden hat.* Daraus folgt, dass die Zukunft durch sorgfältige Untersuchung der Hand erkannt und vorausgesagt werden kann, von der Aristoteles sagte, sie sei „das Organ aller Organe, das aktive Element zwischen den passiven Kräften des gesamten Systems".

Die Kopflinie, die den Geisteszustand des Menschen anzeigt, muss auf jeden Fall als die wichtigste Linie der Hand angesehen werden. Ihr muss die höchste Aufmerksamkeit gewidmet werden, um einen deutlichen Eindruck vom Verstand des untersuchten Menschen zu erhalten.

Beide Hände müssen sorgfältig verglichen werden – die linke Hand *zeigt vererbte Veranlagungen*, während die rechte *erworbene oder weiterentwickelte Fähigkeiten* anzeigt. Schon die geringste Abweichung zwischen den beiden Händen sollte aufmerksam beachtet oder aufgeschrieben werden.

Ganz besonders sollten die Richtung und das Ende der Linie beachtet werden. Der Grund hierfür ist, dass hierdurch *die Richtung angezeigt wird, in die sich der Verstand des Menschen entwickeln wird.* Wenn sich zum Beispiel das Ende einer Linie der linken Hand abwärts neigt, wogegen sie auf der rechten Hand aufrecht oder quer liegt, dann zeigt dies dem Handleser eindeutig, dass der Mensch nicht seiner natürlichen Veranlagung gefolgt ist, sondern sich aus praktischen Gründen den Umständen gebeugt hat, sich Geschäftsmethoden und Kenntnisse angeeignet hat, seine praktischen Fähigkeiten und sein klares Denken weiterentwickelt hat, um den Anforderungen, denen er sich gegenübersah, zu entsprechen.

Auf diese Weise erhält der Handleser einen unschätzbaren Einblick in das frühere Leben des untersuchten Menschen, besonders wenn die Schicksalslinie in den jüngeren Jahren, wie so oft, nicht sichtbar ist.

Die Kopflinie kann an drei verschiedenen Stellen beginnen, nämlich

- innerhalb der Lebenslinie,
- gemeinsam mit der Lebenslinie,
- außerhalb der Lebenslinie.

Folgende Ausprägungen sind für sie typisch:

- Ist sie gerade, klar und deutlich, so weist dies auf einen gesunden Menschenverstand und geschäftliche Fähigkeiten hin.
- Ist sie gekrümmt, weist dies auf eine Neigung zu Romantik, Idealisierung, Kunst und kreativen Fähigkeiten hin.
- Ist sie gerade und deutlich und verläuft quer über die Hand, so hat der Mensch besonders ausgeprägte intellektuelle Fähigkeiten und ist ausgesprochen praktisch veranlagt.
- Ist sie gerade und krümmt sich leicht am oberen Ende in Richtung auf den „kleinen Finger“, so wird der Mensch im Geschäftsleben sehr erfolgreich werden, dabei allerdings gierig und unerbittlich in Gelddingen sein.

Kapitel III - Die Herzlinie

Die Herzlinie befindet sich unterhalb der Berge unter den Fingern. Sie weist auf die Veranlagung in der Liebe und in allen mit Zuneigung in Verbindung stehenden Angelegenheiten hin (Abb. 1).

Ist sie deutlicher und ausgeprägter als die Kopflinie, so übertrifft der Wunsch nach Liebe und Zuneigung alle anderen Interessen (Abb. 2).

Ist die Herzlinie stark ausgeprägt, aber auch die Kopflinie gut zu erkennen, so wird das Gefühl der Liebe zum Wohle anderer Menschen genutzt (Abb. 3).

Die Herzlinie: Abb. 1

Die Herzlinie: Abb. 2

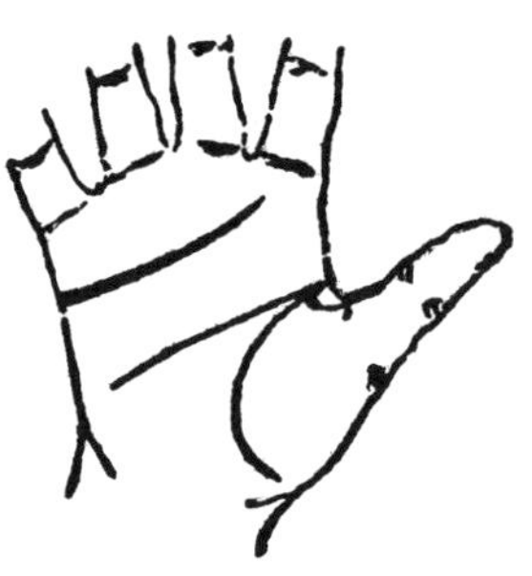

Die Herzlinie: Abb. 3

Beginnt die Herzlinie *unter dem Zeigefinger*, so weist dass darauf hin, dass der Mann oder die Frau in Herzensdingen beherrschend und „tonangebend" ist (Abb. 4).

Beginnt die Linie unterhalb des Mittelfingers, so ist die Liebe mehr von ruhiger Natur – bei einer Frau bedeutet es, dass sie es gewohnt ist, in der Ehe zu GEHORCHEN (Abb. 5).

Ist die Herzlinie tief ausgeprägt, gehen viele kleine Äste von ihr ab und ist der Venusberg (am unteren Abschnitt des Daumens) groß oder hervorstehend, dann dominiert die emotionale, leidenschaftliche Veranlagung das ganze Leben. Berühmte Opernsänger und Charakterdarstellerinnen tragen diese Zeichen (Abb. 6).

Die Herzlinie: Abb. 4

Die Herzlinie: Abb. 5

Ist die Herzlinie weniger ausgeprägt als die Kopflinie, dann wird das Verhalten in der Liebe von vernunftbetonten Wünschen überlagert. Diese Menschen schieben den Wunsch nach Liebe beiseite, leben meistens einsam oder isoliert, und wenn sie überhaupt jemals heiraten, sind sie eher geistige Gefährten als Ehefrauen oder Ehemänner im eigentlichen Sinn (Abb. 7).

Die Herzlinie: Abb. 6

Die Herzlinie: Abb. 7

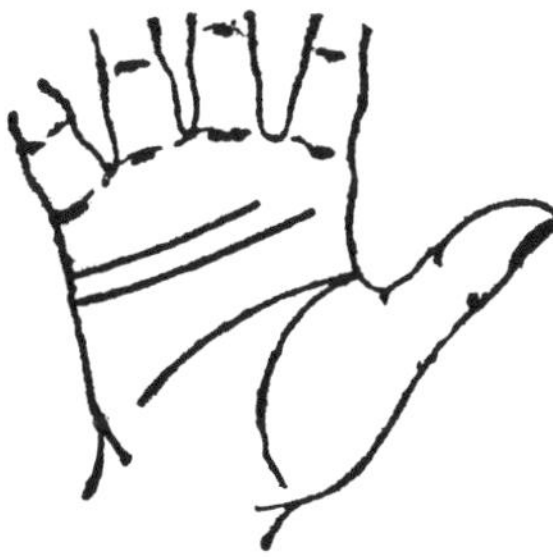

Die Herzlinie: Abb. 8

Eine “doppelte Herzlinie” weist auf eine ganz ausgeprägte Veranlagung in der Liebe hin, ist gleichzeitig jedoch die Kopflinie lang und gebogen, so wird diese Liebe dem Wohle der Mitmenschen gewidmet. Diese Menschen opfern sich auf, um ihre Pläne zur Verbesserung und Erlösung der Menschheit zu verwirklichen (Abb. 8).

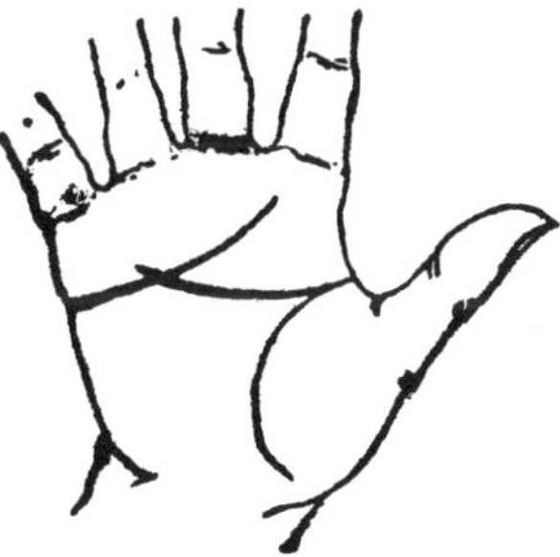

Die Herzlinie: Abb. 9

Erscheint die Herzlinie entgegengesetzt zu der aufragenden Kopflinie oder wirkt sie im Vergleich zu ihr dominant, so wird die Liebe aus Vernunftgründen unterdrückt oder zerstört. Solche Menschen opfern *alles* für ihre *Liebe zum Geld* und tun nichts, um sie [die Liebe] zu erhalten (Abb. 9).

Weitere Einzelheiten zu der Herzlinie

Die Herzlinie ist vielleicht die wichtigste aller Linien. Die Liebe hatte zu allen Zeiten und unter allen Umständen die wichtigste Rolle im Leben der Menschen gespielt, - in der Natur ebenso wie in der Hand.

- Die Herzlinie kann in der Mitte des Berges unter dem Zeigefinger beginnen, zwischen dem Zeige- und Mittelfinger oder in der Mitte des Berges unter dem Mittelfinger.
- Beginnt sie unter dem Zeigefinger, so handelt es sich um das absolute Ideal der Liebe. Männer oder Frauen mit diesem Zeichen sind enthusiastisch und verschenken ihr Herz in Verehrung für den Menschen, den sie lieben. Gleichzeitig verlangen sie jedoch Gegenliebe, sind fordernd und wollen bestimmen, wie sie selbst geliebt werden sollten. Ich muss wohl kaum erwähnen, dass es etwas schwierig ist, mit diesen Menschen zusammenzuleben.
- Beginnt die Herzlinie zwischen dem Zeigefinger und Mittelfinger, dann besitzen diese Menschen in Liebesdingen ein ruhigeres Gemüt. Sie befinden sich zwischen dem Idealismus des ersten Charakters und der Neigung zum Materialismus der dritten Persönlichkeit. Sie sind stiller und kontrollierter in ihrer Leidenschaft; zwar sind sie zu tiefer Zuneigung fähig, aber sie betrachten die Liebe mehr auf eine ruhige und stille Art.
- Beginnt die Herzlinie unter dem Mittelfinger, ist die Liebe dieser Menschen noch stiller, eine fast schon fatalistische Hingebung, und sie sind meistens verschlossener in ihrer Liebe. Sie haben ihre Gefühle stark unter Kontrolle und zeigen ihre Liebe nicht so offen oder deutlich wie jene, deren Linie unter dem ersten Finger beginnt.
- Verläuft die Herzlinie quer über die Hand von der einen Seite zur anderen, so ist eine übermäßige Gefühlsbetontheit die Folge, mit einem starken Hang zu Eifersucht.
- Besitzt die Herzlinie Kettenglieder oder ist sie von vielen kleinen Linien durchzogen, dann weist dies auf Unbeständigkeit hin, auf eine unverbesserliche Neigung zu Liebeleien und zahlreiche Liebschaften ohne dauerhafte Zuneigung.
- Beginnen die Kettenglieder bereits unter dem Zeigefinger, so drückt dies eine tiefe Verachtung für das andere Geschlecht aus.

- Ist die Herzlinie deutlich rot, handelt es sich um eine Neigung zu besonders heftiger, gewalttätiger Leidenschaft.
- Ist die Linie blass und breit, dann ist der Mensch eher gleichgültig und desinteressiert.
- Verläuft die Herzlinie abwärts Richtung Kopflinie und ist letztere tief ausgeprägt, dann werden die Gefühle völlig vom Verstand kontrolliert; diese Menschen sind normalerweise kalt und berechnend.
- Ein Mensch ohne Herzlinie ist hart, kalt und ohne Gefühle und besitzt normalerweise einen eisernen, unbeugsamen Willen.
- Brüche in der Herzlinie unter dem Mittelfinger erzählen von Enttäuschungen und Kummer durch Todesfälle; unter dem Ringfinger durch Stolz; unter dem kleinen Finger durch Dummheit oder Geiz.
- Verzweigt sich die Herzlinie unterhalb des Zeigefingers, so ist dies ein sicheres Zeichen für die Aufrichtigkeit des Herzens, für die leidenschaftliche Liebe.
- Verzweigt sich die Herzlinie mit einem Ast unter dem Mittelfinger, während der andere Ast zwischen dem Zeige- und Mittelfinger verläuft, so ist dies ein Zeichen für Glück in Liebesdingen, jedoch von ruhigerer Art.
- Ist die Herzlinie glatt und dünn und verläuft sie seitlich zum Handballen, dann weist dies auf Sterilität und eine kühle, zurückhaltende Art hin.
- Besitzt die Linie keinerlei Äste, bedeutet dies Herzenskälte und Gefühllosigkeit.
- Zarte Linien, die sich vom Ballen zur Linie des Herzens hin aufrichten, erzählen von Menschen, die unser Leben beeinflusst haben, und je nachdem, ob die Linien sich kreuzen oder nicht, auch davon, ob sie uns Kummer oder Glück gebracht haben.

Kapitel IV - Die Schicksalslinie

Die Schicksalslinie erstreckt sich vom Handgelenk bis zum Mittelfinger. Ist sie lang und deutlich zu sehen, so weist sie auf eine starke Persönlichkeit hin, und wenn auch die anderen Linien der Hand positiv sind, dann verspricht sie Erfolg durch den persönlichen Charakter des Menschen (Abb. 1).

Krümmt sie sich in Richtung Zeigefinger oder verläuft ein Ast in diese Richtung (siehe gestrichelte Linie), dann wird der Mensch eine leitende Position einnehmen und über andere entscheiden können (Abb. 1).

Krümmt sie sich in Richtung Ringfinger oder verläuft ein Ast in diese Richtung (siehe gestrichelte Linie), dann verspricht dies Ruhm, Ehre und öffentliches Leben; allerdings mehr von der spektakulären Art wie bei Schauspielern, berühmten Anwälten, großen Rednern oder anderen Menschen, die im „Lichte der Öffentlichkeit" stehen. Neigt sich die Linie dagegen mehr Richtung Zeigefinger, handelt es sich eher um eine verantwortungsvolle Position verbunden mit der Führung anderer Menschen, wie bei bedeutenden Staatsmännern, Königen, Präsidenten, Prinzen, Gouverneuren, Generälen, oder auf niederer Ebene, Managern und erfolgreichen Angestellten und Führungspersönlichkeiten (1).

Ist die Linie „gebrochen", so sagt sie Schwierigkeiten und Unglücksfälle an jenem Tag voraus, an dem der „Bruch" erscheint (Abb. 2). Die Mitte der Handfläche wird als die Mitte des Lebenslaufs betrachtet bzw. bedeutet ein Alter von ca. 35 Jahren.

In einem späteren Kapitel werde ich noch darauf eingehen, wie man das genaue Datum ermittelt.

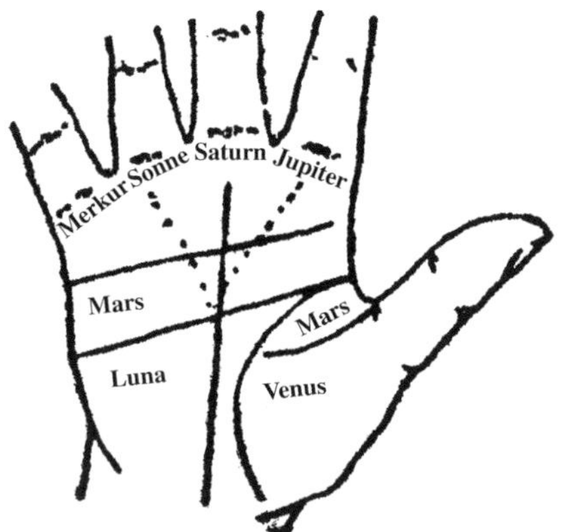

Die Schicksalslinie: Abb. 1

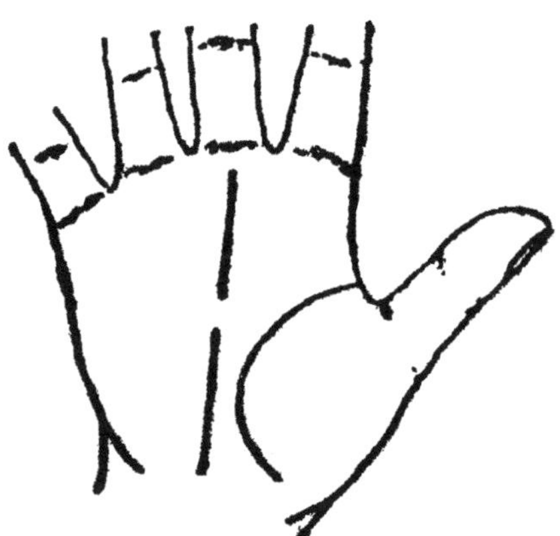

Die Schicksalslinie: Abb. 2

Verläuft die Schicksalslinie gemeinsam oder verbunden mit der Lebenslinie, bedeutet dies, dass sich der Mensch in den jüngeren Jahren seines Lebens für andere aufopfert. Dies findet man häufig auf den Händen von Männern und Frauen, die ihre eigenen Bedürfnisse zurückgestellt haben, um sich um ihre Eltern oder andere Angehörige zu kümmern. Außerdem findet man es in Fällen von früher Heirat, in denen die Pflichten und Sorgen um die Familie die eigene Entwicklung behindert haben (Abb. 3).

Beginnt die Schicksalslinie *innerhalb* der Lebenslinie oder an irgendeiner Stelle des Daumenballens (auch Venusberg genannt), so bedeutet dies, dass das Liebesverhalten, oder auf einer Hand mit einer schwachen Kopflinie das Gefühlsleben, die Karriere beherrscht und ruiniert (Abb. 4).

Beginnt die Schicksalslinie in der Mitte oder auf der gegenüberliegenden Seite der Handfläche bedeutet dies von Anfang an ein Leben unabhängig von Familienbanden oder anderen äußeren Einflüssen. Dies ergibt auch einen Eindruck von dem Charakter des Menschen und bedeutet, dass er sich nicht so leicht für andere aufopfert; bei einer sehr geraden Kopflinie bleibt dies lebenslang bestehen (Abb. 5).

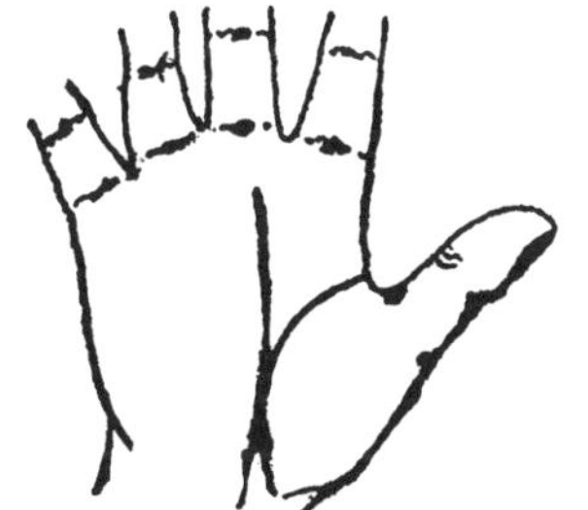

Die Schicksalslinie: Abb. 3

Die Schicksalslinie: Abb. 4

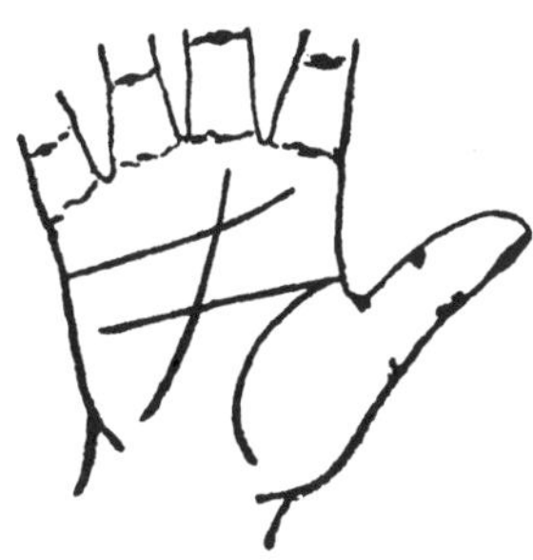

Die Schicksalslinie: Abb.5

Je weiter außen die Schicksalslinie am Rand der Handfläche beginnt, umso weniger lässt sich der Mensch von „Familienbanden" oder den Wünschen anderer Menschen einzwängen.

Erscheint überhaupt keine Schicksalslinie auf der Hand, dann wird der Kampf ums Überleben das gesamte Leben lang anhalten.

Befindet sich eine „Insel" auf der Schicksalslinie, ist dies kein so schlechtes Zeichen wie der „Bruch", aber es bedeutet Schwierigkeiten und Verlust von Einfluss oder Rang, solange diese „Insel" anhält (Abb. 6).

Wenn sich die Schicksalslinie teilt und eine zweite Linie beginnt, bevor die andere endet, ist dies kein Hinweis auf ein „gebrochenes Schicksal " sondern bedeutet eine völlige Veränderung des Lebenslaufes. Ist die Linie, die nach dieser Unterbrechung erscheint, stärker ausgeprägt, dann ist die Veränderung zum Vorteil des Menschen, auf dem dieses Zeichen zu sehen ist. Das Gegenteil ist der Fall, wenn die Linie schwächer aussieht oder verschwindet (Abb. 7).

Die Schicksalslinie: Abb. 6 **Die Schicksalslinie: Abb. 7**

Auf diese Weise kann man viele Jahre im Voraus Veränderungen im Lebenslauf erkennen (sei es zum Vor- oder zum Nachteil) und kann diese korrigieren, wenn die Warnungen rechtzeitig wahrgenommen werden.

Die Schicksalslinie ist wie eine Gleisanlage des Lebens mit Weichen, Nebengleisen und zerstörten Brücken. Beachtet der Lokführer die Signale nicht, dann wird die Brücke nicht rechtzeitig repariert oder die Strecke führt ins Nichts.

Weitere Einzelheiten zu der Schicksalslinie

Die Schicksalslinie beschreibt unser irdisches Fortkommen, unsere Stellung und unseren Erfolg.

Sie kann an der Lebenslinie beginnen, am Handgelenk, an der äußeren Seite oder in der Mitte der Handfläche.

- Beginnt die Lebenslinie am Handgelenk, dann wird der Erfolg durch die persönlichen Verdienste des Menschen erworben, ist sie jedoch an der Lebenslinie befestigt, werden die jungen Jahre des Menschen den Wünschen der Eltern und Verwandten, Belastungen und Familienpflichten geopfert.

- Verläuft die Linie aufwärts vom Handgelenk und senkrecht über die Hand, ist dies ein Zeichen für ungewöhnliches Glück und eine starke Persönlichkeit.
- Erhebt sich die Linie vom äußeren Rand der Handfläche, dann handelt es sich um eine sehr unabhängige Persönlichkeit, sie besitzt aber einen eher umherschweifenden, unruhigen Abenteuergeist als wenn sich die Linie direkt aufrecht durch die Hand zieht. Verbindet sich eine solche Linie mit der Herzlinie und setzt sich zum Zeigefinger fort, dann bedeutet dies Wohlstand durch Zuneigung, entstanden durch eine Romanze oder durch eine geeignete Gelegenheit.
- Verläuft die Schicksalslinie gerade und eine andere Linie vom Rand der Handfläche berührt sie, dann wird eine andere Person diesen Menschen bei seinem Ruhm, seinem Ehrgeiz und weltlichen Erfolg unterstützen.
- Verläuft die Linie zum Mittelfinger, besitzt aber Seitenlinien in Richtung auf die anderen Berge, dann wird sich das Leben durch Wissenschaft, Wirtschaft oder Kunst verändern, je nachdem, welcher Berg betroffen ist.
- Wenn die Linie selbst oder einer ihrer Äste nicht in Richtung Mittelfinger verläuft sondern auf irgendeinen Berg oder einen anderen Bereich der Hand, dann zeigt sich der Erfolg in dem jeweiligen Bereich.
- Richtung Merkurberg (siehe Abb. 1) – Wissenschaft, Sprachgewandtheit, Wirtschaft.
- Richtung Sonnenberg (siehe Abb. 1) – Kunst, Literatur, Schauspiel oder öffentliches Leben
- Kunst, wenn der Ringfinger schlank und spitz ist.
- Literatur, wenn der Ringfinger breit ist.
- Schauspiel, wenn das Nagelglied des Ringfingers spatelförmig ist.
- Verläuft die Schicksalslinie zum Jupiterberg (siehe Abb. 1), dann ist es das Lebensziel und das Streben des Menschen, Einfluss und Macht zu erringen und über andere Menschen zu herrschen.
- Ragt die Linie bis in das dritte Glied des Saturnfingers hinein, dann ist dies kein glückliches Zeichen, da alles zu weit gehen wird.
- Wird sie dagegen von der Herzlinie gebremst, dann wird der materielle Erfolg durch Gefühle vernichtet. Verbindet sie sich aber mit der Herzlinie und sie steigen gemeinsam zum Jupiterberg auf, dann ist dies ein wunderbares Zeichen. Der Mensch wird eine hohe Stellung erringen und seine größten Wünsche durch die Liebe erfüllt sehen.
- Wird die Linie durch die Kopflinie gebremst, dann wird der materielle Reichtum durch Fehlkalkulationen oder Dummheit zerstört.

- Erhebt sich die Linie erst später in der Mitte der Handfläche (die Marsebene), bedeutet dies ein hartes Leben; verläuft sie jedoch weiter bis zum Mittelfinger, dann werden alle Schwierigkeiten durch die Energie und den Willen des Menschen gelöst.
- Erhebt sie sich nur von der Kopflinie, und ist diese positiv, dann wird sich der Erfolg erst spät im Leben durch das Talent und Durchhaltevermögen des Menschen einstellen.
- Besitzt die aufstrebende Linie einen Abzweig zum Mondberg und einen weiteren zum Venusberg, dann führen wilde Träume und Liebesfantasien zum Erfolg oder zum Misserfolg, je nachdem wie lang und ausgeprägt die Schicksalslinie ist.
- Ist die Schicksalslinie unterbrochen und unregelmäßig, dann wird das Leben voller Kummer und Sorgen sein.
- Ein Bruch ist nicht immer ein schlechtes Zeichen: Beginnt ein Ast *bevor der andere endet*, dann ist dies ein Zeichen für Veränderungen im Leben, und für einen Aufstieg, wenn die Linie weiterhin stark ausgeprägt verläuft.
- Verbinden sich die beiden Linien wieder und läuft die eine Linie entweder als Begleiter oder als kurzer Strich weiter, dann handelt es sich um eine Heirat oder den Einfluss einer anderen Person über den untersuchten Menschen.
- Ich habe immer wieder festgestellt, dass eine doppelte Schicksalslinie ein besonders gutes Zeichen ist, besonders wenn sie aufwärts zu den verschiedenen Bergen verläuft.
- Menschen ganz ohne Schicksalslinie vegetieren normalerweise einfach vor sich hin. Sie gehen mechanisch durch das Leben. Sie essen, trinken schlafen und sind – ich vermag es nicht zu sagen – glücklich, denn sie sind völlig gefühllos, aber um Glück zu empfinden, müssen wir auch das Gegenteil kennengelernt haben. Licht und Schatten, Lächeln und Tränen bilden die Summe unseres Lebens.

Kapitel V – Die Erfolgslinie, auch Sonnenlinie genannt

Die Erfolgslinie oder Sonnenlinie verhält sich wie der Einfluss der Sonne auf die Erde. Wenn sie auf der Hand erscheint, dann verspricht sie Helligkeit, Erfolg und vermehrtes Glück. Im besten Fall erhebt sie sich vom Handgelenk bis zum Ringfinger (Abb. 1).

Liegt diese Linie innerhalb der Lebenslinie (Venusberg), dann verspricht dies Reichtum oder Erfolg durch Liebe, nämlich durch eine reiche Verbindung (Abb. 2).

Beginnt die Linie ganz außen auf der Hand (dem Mondberg), beruht der Erfolg mehr auf den Launen der Öffentlichkeit und ist normalerweise verbunden mit den Vorlieben des Publikums für Theater- oder Filmstars, Sänger oder Künstler, die spektakuläre Darbietungen vollbringen usw. (Abb.3). In dieser Position verspricht die Linie niemals so sicheren oder dauerhaften Erfolg wie es der Fall ist, wenn die Linie aufwärts vom Handgelenk, von der Mitte der Handfläche oder von der Schicksalslinie verläuft.

Die Erfolgslinie: Abb. 1  **Die Erfolgslinie: Abb. 2** 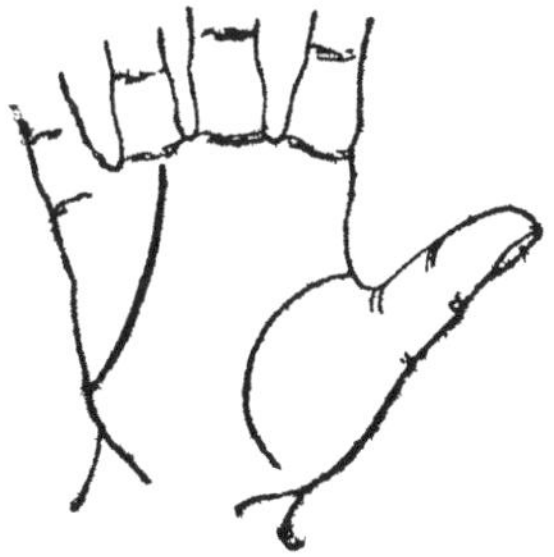 **Die Erfolgslinie: Abb.3**

Erhebt sich die Erfolgslinie von der Schicksalslinie, dann ist das Versprechen einer erfolgreichen Karriere des Menschen sicherer. Ab dem Datum, an dem die Erfolgslinie die Schicksalslinie verlässt, wird der Mensch anfangen, die Früchte seiner Arbeit zu ernten (Abb. 4). Verläuft sie ohne Bruch bis zum Ringfinger, dann wird der Erfolg dauerhaft sein.

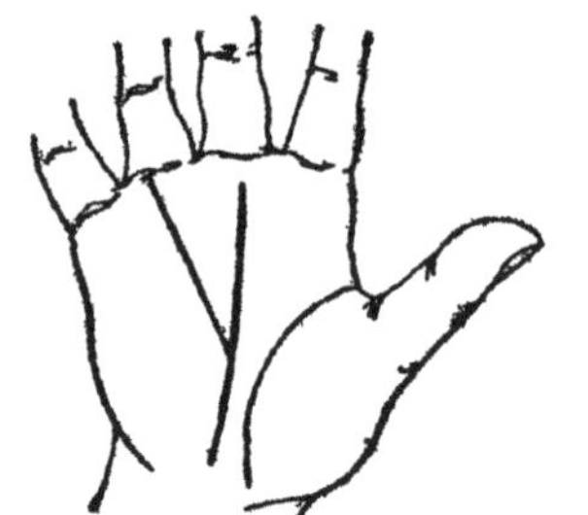

Die Erfolgslinie: Abb. 4

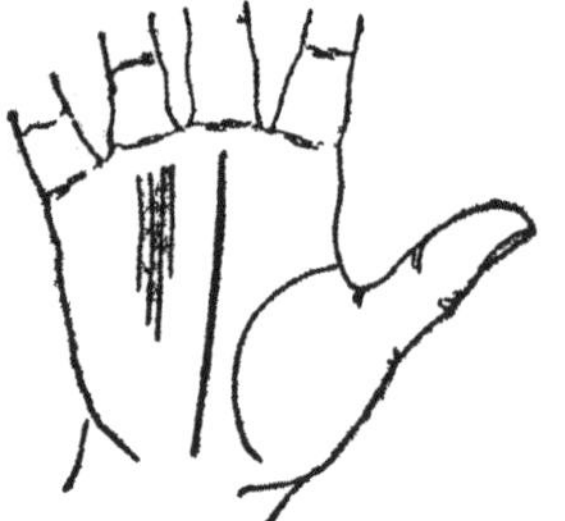

Die Erfolgslinie: Abb. 5

Die Erfolgslinie: Abb.6

Mehrere kleine Linien, die in der Mitte der Handfläche beginnen und zum Ringfinger aufstreben, bedeuten ebenfalls Glück, aber nicht so viel oder so bedeutend wie eine lange, starke Linie, die von der Schicksalslinie abgeht.

Mehrere Linien bedeutet normalerweise, dass der Erfolg des Menschen auf unterschiedlichen Plänen und Zielen beruht (Abb. 5).

Erscheint die Erfolgslinie zuerst an der Kopflinie, dann beginnt der Erfolg erst im mittleren Alter des Menschen und beruht auf seinen eigenen geistigen Fähigkeiten; in diesem Fall ist kein sogenanntes „Glück“ daran beteiligt (Abb. 6).

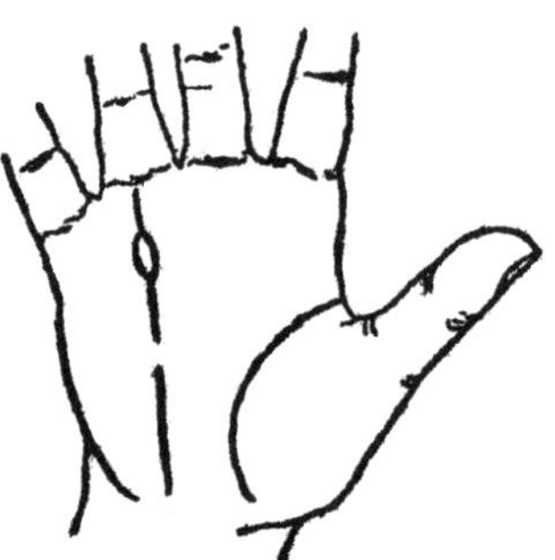

Die Erfolgslinie: Abb. 7

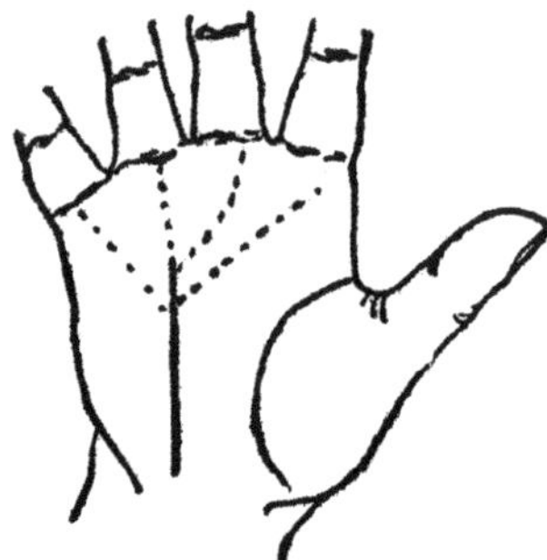

Die Erfolgslinie: Abb. 8

Befindet sich in der Sonnenlinie ein Loch, ein „Bruch“, dann versagt der Erfolg oder das Glück, solange dieser Bruch anhält.

Erscheint dagegen eine Schlaufe oder eine „Insel“ (Abb. 7), dann ist dies Zeichen nicht so schlecht wie eine „gebrochene“ Linie, aber die „Insel“ bedeutet Skandale, schlechten Ruf und ruiniertes Ansehen in der Öffentlichkeit zu dem Zeitpunkt, an dem die „Insel“ erscheint (Datums- und Zeitanalyse werden in einem späteren Kapitel erläutert).

Gibt es Verästelungen von der Erfolgslinie zu anderen Bergen unterhalb der Finger, dann verspricht dies Erfolg in dem jeweiligen Bereich des Berges (Abb. 8).

Beispiele: Ein Ast Richtung Zeigefinger (Jupiterberg) verspricht Erfolg, Ruhm und Herrschaft über andere.

Befindet sich der Ast am Mittelfinger (Saturn- oder Schicksalsberg), dann ist der Mann oder die Frau ein „Kind des Schicksals", so wie Napoleon ein „Kind des Schicksals" war.

Der Berg der gleichnamigen Linie (Sonne) verspricht Erfolg, Ruhm, Glück und öffentliches Leben.

Am Ende des kleinen Fingers (Merkurberg) warten Erfolge im Wirtschaftsleben, der Wissenschaft und in praktischen Dingen (Abb. 8).

Befindet sich überhaupt keine Sonnen- oder Erfolgslinie auf der Hand, dann hat der Mensch kein „materielles Glück" oder keine „guten Gelegenheiten" in seinem Leben. Es gibt wenig Glück, Helligkeit und Ruhm; ist jedoch die Schicksalslinie kräftig ausgeprägt, dann wird der Mensch in seinem Lebenslauf zwar in allem, was er unternimmt, erfolgreich sein, jedoch hierfür keine oder wenig Anerkennung in der Öffentlichkeit erhalten.

Weitere Einzelheiten zu der Sonnen- oder Erfolgslinie

Die Sonnenlinie ist das positivste Zeichen auf der Hand.

Sie kann an der Lebenslinie beginnen, der Kopflinie, dem Mondberg, der Mitte der Handfläche, auch Marsebene genannt oder an der Herzlinie.

- Erhebt sie sich von der Lebenslinie, dann verspricht sie großen Erfolg durch Talent oder *persönliche Verdienste.* Selbst wenn sie sich auf einer ansonsten wenig ausgeprägten Hand befindet, ist dies trotzdem ein sicheres Zeichen für absoluten Erfolg.
- Beginnt sie am Mondberg, prophezeit sie Erfolg und Anerkennung, die jedoch weitgehend anderen Menschen geschuldet sind. In diesem Fall ist es kein sicheres Zeichen für Erfolg, da es vom Glück anderer abhängig ist. Bei einer gebogenen Kopflinie bedeutet sie jedoch Erfolg in der Dichtkunst, Literatur, den bildenden und allen anderen kreativen Künsten.
- Erhebt sie sich aus der Mitte der Handfläche, der Marsebene, dann ist das Ergebnis weniger gut, der Erfolg wird nur unter Schwierigkeiten erreicht, durch harte Arbeit, persönliche Verdienste, Ausdauer, Kampf und Anstrengung.

- Erhebt sie sich von der Herzlinie, besteht eine starke Neigung zu Kunst und künstlerischen Dingen; aber diese Menschen machen nicht viel aus ihrer künstlerischen Veranlagung; es sei denn, der Sonnenfinger ist spatelartig geformt, dann besteht ein Hang zur Schauspielkunst, und existiert gleichzeitig eine positive Kopflinie, dann sind diese Menschen am Theater und im öffentlichen Leben erfolgreich, jedoch kommt dieser Erfolg erst spät im Leben.
- Ist der Ringfinger fast genau so lang wie der Zeigefinger, dann bedeutet die Erfolgslinie eine ausgeprägte Leidenschaft für das Glücksspiel und häufig Erfolg bei Spekulationen aller Art.
- Diese Linie bedeutet immer eine sensible Veranlagung; ein Mensch, der fühlt und weiß, was er wert ist und deshalb dem große Bedeutung beimisst, *was die Welt von ihm hält.*
- Kombiniert mit einer geraden Kopflinie bedeutet die Sonnenlinie lediglich eine Neigung zum Erwerb von Reichtümern und materiellen Dingen.
- Befinden sich zahlreiche Linien auf dem Sonnenberg, so weist dies auf eine ausgeprägte künstlerische Natur hin, wobei jedoch die Vielzahl der Ideen dem Erfolg im Wege steht. Solche Menschen streben immer danach, bekannt zu werden, aber in ihrem Bestreben nach Ruhm versuchen sie zu viele Dinge gleichzeitig.
- Ein berühmter Künstler zu werden ist vermutlich das Beste, was diese Linie zu bieten hat. Überragender Erfolg ist für diesen Menschen sicher.
- Ist die Hand hohl, so verliert diese Linie ihre gesamte Kraft.
- Befindet sich überhaupt keine Sonnenlinie auf einer ansonsten künstlerisch geformten Hand, so bedeutet dies harte Arbeit in der jeweiligen Kunstrichtung. Diese Menschen haben Erfolg verdient, erhalten ihn jedoch selten. Normalerweise werden sie von der Welt zu spät erkannt. Es sind Künstler, die arm sterben und ihre Anerkennung erst auf einem Grabdenkmal erhalten.

Kapitel VI - Die Gesundheitslinie

Die Gesundheitslinie beginnt unter dem „kleinen Finger“ und verläuft abwärts über die Handfläche in Richtung Lebenslinie (Abb. 1).

Verläuft die Lebenslinie rund um den Daumen in kleinen Stücken oder Kettengliedern und ist gleichzeitig die Gesundheitslinie dick und schwer, dann muss mit großen Komplikationen und Krankheiten während des gesamten Lebens gerechnet werden (Abb. 2).

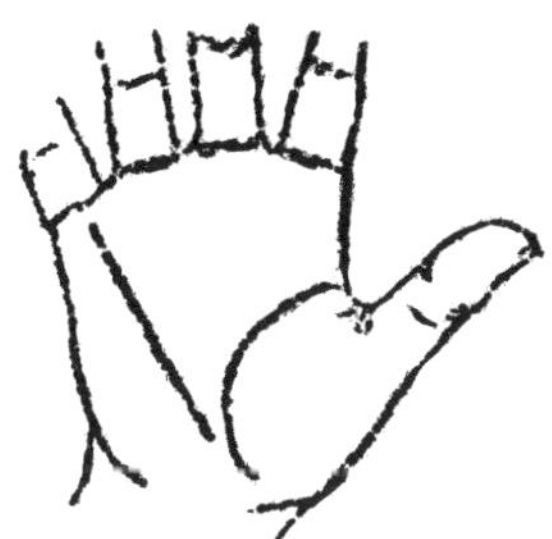

Die Gesundheitslinie: Abb. 1

Die Gesundheitslinie: Abb. 2

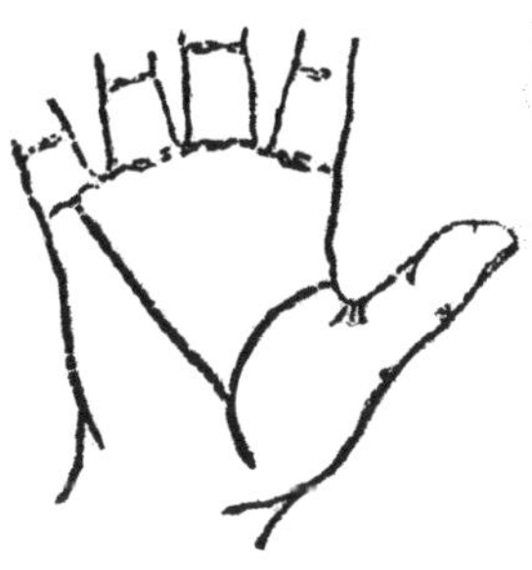

Die Gesundheitslinie: Abb.3

Berührt die Gesundheitslinie oder einer ihrer Äste die Lebenslinie, bedeutet dies schwere Krankheit oder Todesgefahr zu dem Zeitpunkt, an dem sich die beiden Linien treffen (Abb. 3).

Besitzt die Gesundheitslinie eine Schlaufe oder eine „Insel“ nahe der Kopflinie, bedeutet dies Probleme mit Nase oder Hals (Abb. 4).

Die Gesundheitslinie: Abb. 4

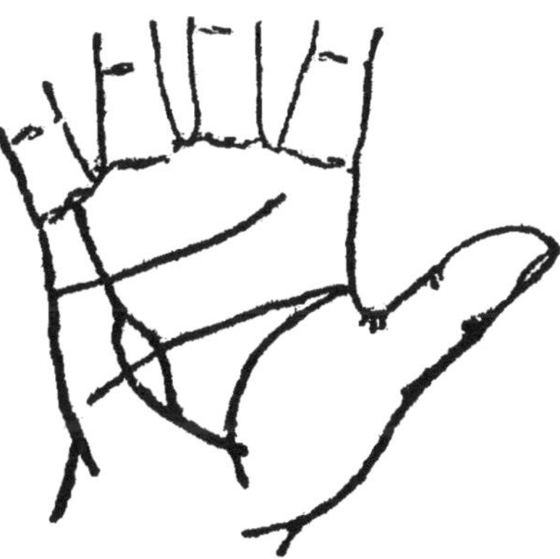

Die Gesundheitslinie: Abb. 5

Bildet die Gesundheitslinie eine “Insel” *oberhalb oder unterhalb* der Kopflinie, besteht Gefahr für Brust oder Lunge, besonders wenn die Fingernägel lang und „mandelförmig“ sind (Abb. 5).

Die Gesundheitslinie: Abb. 6

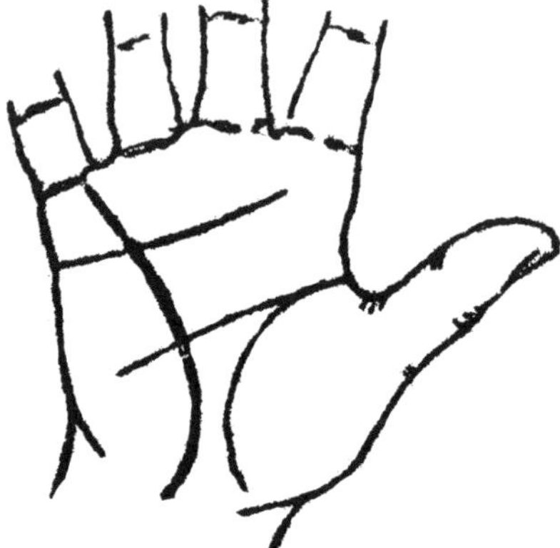

Die Gesundheitslinie: Abb. 7

Ist die Lebenslinie „unterbrochen“, so besteht eindeutig Lebensgefahr, wenn ein Ast aus der Gesundheitslinie oder der Lebenslinie in den „Bruch“ hinein läuft (Abb. 6).

Wendet sich die Gesundheitslinie von der Lebenslinie ab, dann bedeutet dies völlige Genesung von jeglicher aufgetretenen Krankheit und ist außerdem ein Versprechen für ein langes Leben. (Abb.7). Am besten ist es, wenn man *überhaupt keine* Gesundheitslinie auf der Hand hat.

Weitere Einzelheiten zur Gesundheitslinie

Die Gesundheitslinie beginnt am „kleinen Finger“ und verläuft die Handfläche hinunter zur Lebenslinie. Sie sollte die Lebenslinie weder überqueren noch schneiden.

Je gerader sie über die Hand verläuft umso besser.

- Berührt sie die Lebenslinie, so bedeutet dies, dass gesundheitliche Probleme bestehen, die das Leben beeinflussen werden.
- Sind die Herz- und Lebenslinie miteinander verbunden und bilden ein enges Dreieck auf der Handfläche, dann ist dies ein Anzeichen für Herzschwäche. Dies gilt besonders, wenn eine „Insel“ in der Herzlinie erscheint.

- Ist die Gesundheitslinie tief und rot, so bedeutet dies eine Neigung zu Fieberanfällen.
- Ist sie verdreht und dunkelrot, so drohen Gallenkrankheit und Leberbeschwerden.
- Ist sie sehr ausgeprägt und kreuzt die Kopflinie, dann bedeutet dies starke Kopfschmerzen.
- Ist sie häufig unterbrochen, drohen Verdauungsprobleme und schlechte Gesundheit.
- Befindet sich eine „Insel“ oberhalb der Kopflinie, bestehen Probleme mit Nase oder Hals.
- Ist eine große „Insel“ oberhalb und unterhalb der Kopflinie, bestehen Brust- und Lungenprobleme.
- Sind die Herz- und Kopflinie verbunden, bedeutet dies eine Gefahr für das Gehirn, sehr oft verbunden mit Fieber, besonders bei „Inseln“ auf der Kopflinie.
- Eine lange, gerade Gesundheitslinie, die sich von der Lebenslinie entfernt, hebt die negativen Auswirkungen einer schwachen Lebenslinie auf.

Kapitel VII – Anzeichen für eine Heirat

Die Heiratslinie befindet sich zwischen der Herzlinie und dem unteren Ende des kleinen Fingers.

Ist sie gerade und deutlich zu sehen, so verspricht sie eine glückliche Heirat oder Verbindung (Abb. 1).

Die Heiratslinie: Abb. 1

Die Heiratslinie: Abb. 2

Die Heiratslinie: Abb. 3

Krümmt sich die Linie abwärts auf der Handfläche, bedeutet dies den Tod des Ehepartners (Abb. 2).

Gabelt sie sich zur Innenseite der Handfläche hin, bedeutet dies Trennung, aber keine Scheidung (Abb. 3).

Erscheint die Gabelung am Rand, gibt es schon vor der Hochzeit Schwierigkeiten, Verzögerungen und Trennung.

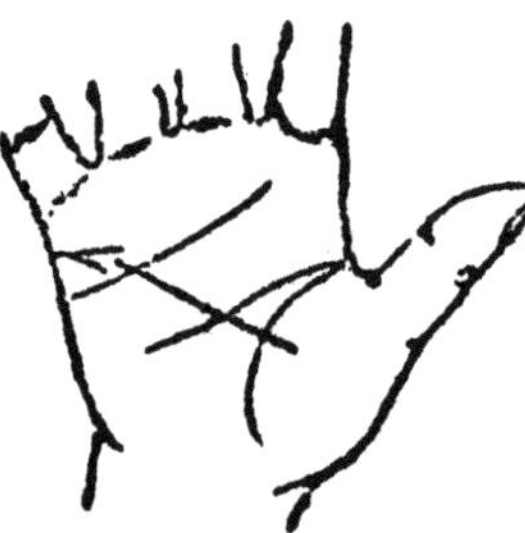

Die Heiratslinie: Abb. 4

Krümmt sich die Heiratslinie abwärts mit einer Verästelung, wobei eine Linie in Richtung Daumenballen verläuft, so steht dem Menschen eine Scheidung bevor (Abb. 4).

Schneidet die Heiratslinie abwärts die Erfolgslinie, dann verliert der Mensch seine Stellung und seine Reichtümer durch die Heirat (Abb. 5).

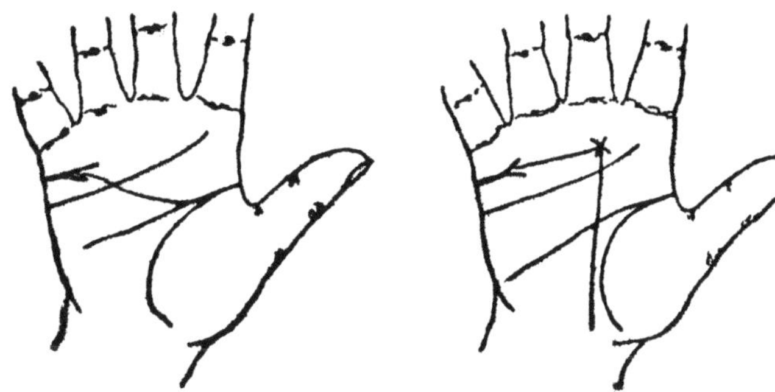

Die Heiratslinie: Abb. 5

Die Heiratslinie: Abb. 6

Endet die Heiratslinie in einer Gabelung, von der eine Linie abgeht, die sich mit der abwärts neigenden Herzlinie verbindet, bedeutet dies eine unglückliche Ehe – der Grund hierfür sind jedoch die überhöhten Ansprüche des untersuchten Menschen. In diesem Fall gibt es voraussichtlich keine Trennung oder Scheidung, aber es besteht die Gefahr eines gewaltsamen Endes der Ehe – gewaltsamer Tod mit einem nachfolgenden Gerichtsurteil (Abb.6).

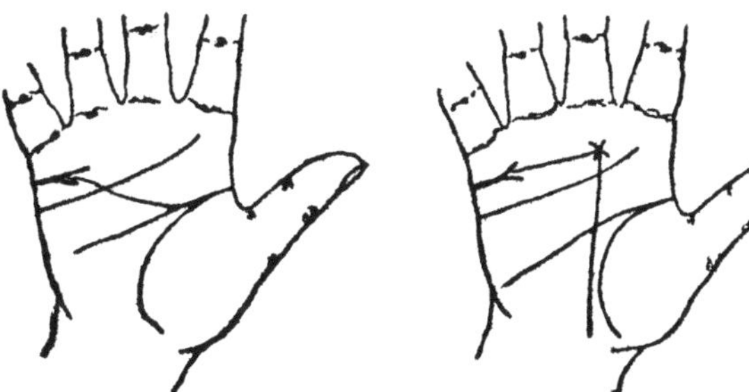

Die Heiratslinie: Abb. 7

Die Heiratslinie : Abb. 8

Befindet sich an der Heiratslinie eine Linie, die zur Kopflinie verläuft, so bedeutet dies Unglück und Streit durch unterschiedliche Auffassungen der Partner, wie zum Beispiel bei verschiedenen Religionen (Abb. 7).

Endet die Heiratslinie in einem Kreuz auf der Schicksalslinie unter dem Mittelfinger, dann endet die Ehe am Galgen (Abb. 8).

Bildet die Heiratslinie eine „Insel" und krümmt sich abwärts, dann ist mit einer Tragödie oder großem Kummer zu rechnen, wie eine langandauernde Krankheit, die mit dem Tod des Partners endet (Abb. 9).

Verläuft eine schmale Linie aufwärts in die Erfolgslinie unter dem Ringfinger, dann verspricht die Heirat Erfolg, Reichtum und eine höhere Stellung (Abb. 10).

Die Heiratslinie: Abb. 9 **Die Heiratslinie: Abb. 10** **Die Heiratslinie: Abb.11**

Endet die Heiratslinie in einer Gabelung, und eine davon abgehende Linie bildet eine „Insel" auf der Erfolgslinie, dann endet die Heirat in einem Skandal, im Verlust der gesellschaftlichen Stellung und in Ungnade (Abb. 11).

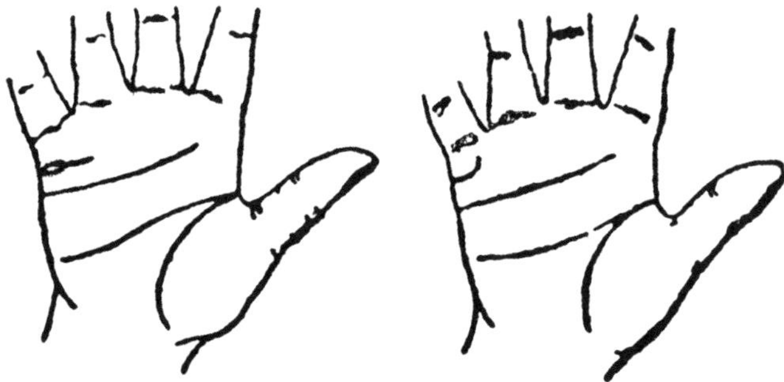

Die Heiratslinie: Abb. 12 **Die Heiratslinie : Abb. 13**

Beginnt die Heiratslinie mit einer „Insel", bedeutet dies Verführung und daraus entstehende Probleme vor der Ehe. Setzt sich die Linie jedoch deutlich sichtbar und gerade fort, dann wird alles gut enden.

Ist die Heiratslinie besonders kurz und endet in einer Aufwärtskurve, dann wird es voraussichtlich überhaupt keine Heirat geben (Abb. 13).

Das Heiratsalter wird durch die Lage der Linie angezeigt; je näher sich die Linie an der Herzlinie befindet, umso eher wird die Heirat stattfinden (Abb. 14).

Das Datum und weitere Einzelheiten ergeben sich oft auch durch „Einflusslinien“ an der Schicksalslinie (Abb. 15). [Anmerkung des Verlages: In unserem englischen Original waren die Daten kaum zu erkennen. Wir haben diese hier so genau als möglich rekonstruiert.]

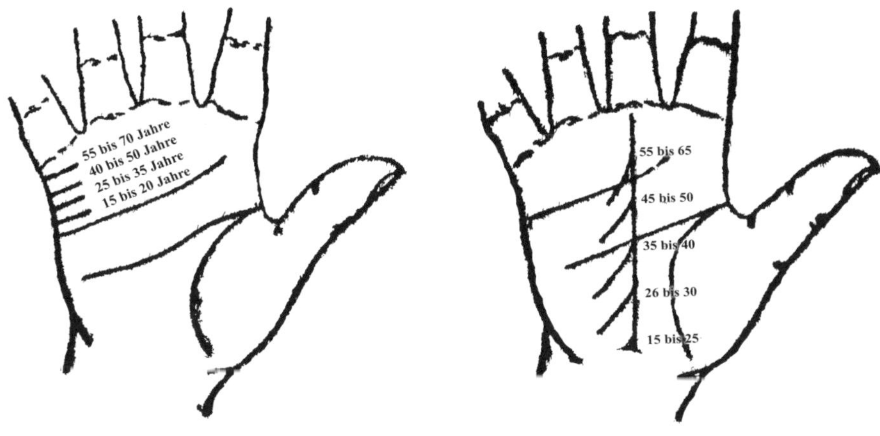

Die Heiratslinie: Abb. 14 **Die Heiratslinie : Abb. 15**

Eine Heirat oder Verbindung wird auch durch „Einflusslinien“, die mit der Schicksalslinie verbunden sind, angezeigt. Verändert sich deren Aussehen nach der Vereinigung der Linien, dann kann das Ergebnis der Verbindung oder Heirat hieraus abgelesen werden.

Wird die Schicksalslinie stärker nachdem sie sich mit der „Einflusslinie“ verbunden hat, dann bringt die Verbindung oder Heirat Erfolg mit sich. Ist sie schwächer oder gebrochen mit „Inseln“ oder Bruchstücken, dann scheitert die Verbindung oder Heirat oder verläuft unglücklich (Abb. 16).

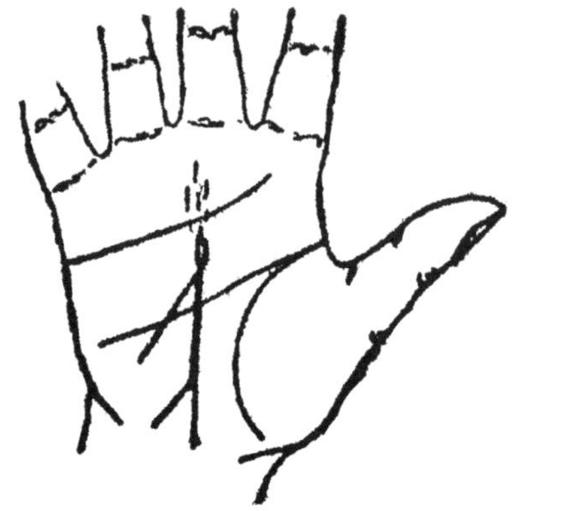

Die Heiratslinie: Abb. 16 **Die Heiratslinie : Abb. 17**

Kinder werden durch kleine, aber deutliche Linien angekündigt, die aus der Heiratslinie aufsteigen; starke Linien bedeuten Knaben, zarte Linien Mädchen (Abb. 17). Es ist ratsam, sich diese Zeichen unter einem Vergrößerungsglas anzusehen; nach einiger Übung können sehr genaue Ergebnisse erzielt werden.

Weitere Einzelheiten zu der Heiratslinie

Seltsamerweise werden diese Linien in den vielen Büchern, die über die Handlesekunst geschrieben wurde, weitgehend ignoriert oder kaum erwähnt.

Ich halte diese Linien nicht nur für besonders interessant für die Zukunftsvoraussage sondern auch für ganz besonders wichtig in der Handlesekunst bei der Festlegung von Daten, Todesfällen, Problemen und allen Angelegenheiten im Zusammenhang mit der Heirat.

- Die sogenannte Heiratslinie (oder -linien) läuft horizontal oder manchmal auch auf den Berg unter dem kleinen Finger zu. Sie kann an der Seite der Hand aufsteigen oder nur auf der Oberfläche des Berges erscheinen.
- Lange Linien beziehen sich nur auf die eigentliche Heirat, die kurzen dagegen bedeuten tiefe Zuneigung oder eine geplante Heirat. Die Schicksalslinie bestätigt häufig die Heirat, weil darauf Hinweise zu finden sind über Veränderungen im Leben, der gesellschaftlichen Stellung usw., die durch die Heirat verursacht werden. Außerdem kann der Termin, an dem das Ereignis stattfinden wird, abgelesen werden.
- Wie die vorangegangenen Abbildungen zeigen, kann man anhand der Position der Linie auf dem Berg des kleinen Fingers recht gut das Alter feststellen, an dem die Heirat stattfinden wird.

- Um eine genaue Vorstellung von dem Datum zu erhalten ist es am günstigsten, die Schicksalslinie zu betrachten, und dort entweder nach einer Richtungsänderung oder einer schmalen Linie, die parallel verläuft, zu suchen.
- Eine Linie, die vom Mondberg aufsteigt und sich mit der Schicksalslinie verbindet, weist auf eine ernsthafte Verbindung oder eine Heirat hin, insbesondere wenn die Schicksalslinie ab diesem Punkt stärker aussieht oder *wenn die Sonnenlinie hier zum ersten Mal beginnt.*
- Ist die Heiratslinie auf dem Merkurberg deutlich zu sehen, aber verlaufen feine Linien von ihr abwärts, dann sind Probleme durch Krankheiten zu erwarten.
- Hängt das Ende der Linie herab oder krümmt sie sich abwärts zur Herzlinie, so wird die Person, die mit dem untersuchten Menschen verbunden ist, zuerst sterben. Biegt sich die Linie aufwärts, so wird ihr Träger wahrscheinlich nie heiraten.
- Besitzt die Linie in der Mitte oder an einer anderen Stelle eine Insel, dann weist dies auf große Probleme im Eheleben hin – eine Trennung, jedoch keine gesetzliche.
- Teilt sich die Linie in eine herabhängende Gabelung in Richtung auf die Herzlinie, so bedeutet dies Scheidung oder gesetzliche Trennung. Dies ist umso sicherer, wenn eine schmale Linie von der Gabelung in die Heiratslinie verläuft.
- Gibt es einen Bruch in der Linie und biegt sie sich abwärts, dann bedeutet dies den plötzlichen Tod des Partners des untersuchten Menschen. Geht von der Heiratslinie ein Ast zum Sonnenberg oder der Sonnenlinie ab, dann wird ihr Besitzer einen vornehmen oder bekannten Menschen heiraten.
- Wenn die Linie dagegen abwärts die Sonnenlinie durchschneidet oder zerbricht, dann wird der untersuchte Mensch seine Stellung durch die Heirat verlieren.
- Verläuft eine kurze Linie parallel zu der Heiratslinie und berührt sie dabei fast, so bedeutet dies eine tiefe Zuneigung des Menschen, der die Linie besitzt, nach seiner Heirat.
- In meinen umfangreicheren Büchern „Cheiros Sprache der Hand“, „Cheiros Führer der Hand“ und „Handlesekunst für Alle“ habe ich ausführlichere Einzelheiten beschrieben, die den Rahmen dieses kleinen Buches sprengen würden.

Kapitel VIII - Der Venusgürtel

Der Venusgürtel ist normalerweise ein halbrunder Kreis, der am Zeige- oder Mittelfinger beginnt und zwischen dem Ringfinger und kleinen Finger endet (Abb. 18).

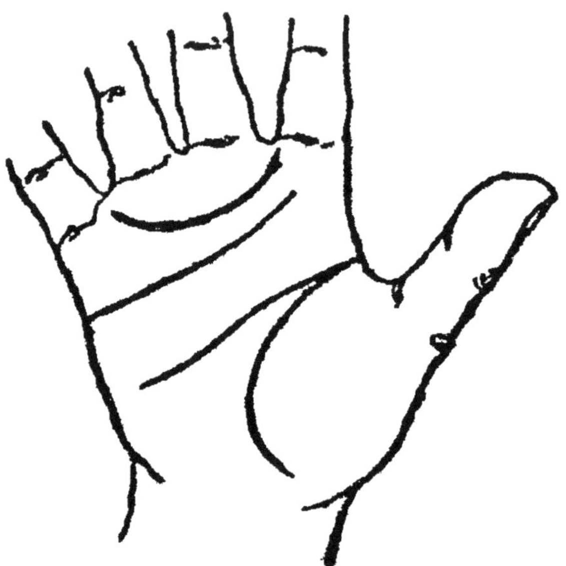

Der Venusgürtel: Abb. 18

Nach meiner Erfahrung weist dieses Zeichen keinesfalls auf ein ausschweifendes Leben hin, wie so oft behauptet wird, sondern dies wird wohl nur wegen des Namens vermutet. Ich bin dagegen überzeugt, dass es sich um höchst intellektuell veranlagte Menschen handelt, die jedoch starken Stimmungsschwankungen unterliegen und äußerst sensibel sind. Es weist auf ein extrem nervöses Temperament hin, mit Neigung zu Hysterie und Niedergeschlagenheit.

Menschen mit diesem Zeichen können den höchsten Punkt der Begeisterung erreichen, erreichen dieses Gefühl aber selten noch ein einmal, sondern sind erst himmelhoch jauchzend und dann zu Tode betrübt.

Reicht der Venusgürtel bis zum äußeren Rand der Hand, besonders wenn die Linie sich mit der Heiratslinie unter dem kleinen Finger verbindet, dann spricht dies eher gegen eine glückliche Ehe, da ihr Träger von seiner Frau mehr Tugenden verlangt als es Sterne am Himmel gibt.

Kapitel IX - Das System der Sieben: Wie man Zeiten und Daten von Ereignissen erkennt

Das System der Sieben (Abb. 19), welches ich anhand alter Unterlagen, die mir zur Verfügung standen und meiner langjährigen professionellen Arbeit entwickelt habe, ist meiner Meinung nach die einfachste und eindeutigste Methode um festzustellen, wann die wichtigsten Ereignisse oder Veränderungen im Leben stattfinden oder wahrscheinlich stattfinden werden.
Das System beruht auf dem anerkannten Naturgesetz, dass sich der Körper des Menschen innerhalb von sieben Jahren einmal komplett verändert.
Die medizinische Wissenschaft lehrt uns, dass es sieben bedeutende Veränderungen schon vor der Geburt gibt, dass sich das Gehirn siebenmal verändert, bevor es seinen „einmaligen menschlichen Zustand“ annimmt, und dass sich das gesamte System alle sieben Jahre verändert.
Ich habe herausgefunden, dass bei diesen siebenjährigen Veränderungen der Gesundheitszustand des Menschen mehr oder weniger gleich bleibt. Ist zum Beispiel ein siebenjähriges Kind gesundheitlich sehr anfällig, dann wird sich diese Anfälligkeit nach den nächsten sieben Jahren wiederholen, wenn der Mensch einundzwanzig oder siebenundzwanzig Jahre ist. Diese Feststellung ist recht hilfreich bei der Voraussage über den Gesundheitszustand eines Menschen.
Eine ähnliche Feststellung konnte ich zu dem Zustand, den wir als „Glück“ bezeichnen, machen. Nach sieben schlechten Jahren folgen meistens sieben leichtere oder sozusagen bessere Jahre, denen jedoch danach wieder sieben „schlechte“ oder zumindest schwierige Jahre folgen.
Man sollte immer bedenken, dass der wichtigste Ansatzpunkt für die Ermittlung eines genauen Datums, aus dem sich dann weitere ableiten lassen, die Mitte der Handfläche ist, die gleichzeitig die Mitte des Lebenslaufes darstellt, nämlich 35 Jahre. An diesem Punkt *kreuzt* sich die Kopflinie mit der Schicksalslinie. Die Heilige Schrift sagt, dass das Leben eines Menschen „dreimal zwanzig Jahre und zehn hat“, und da die Hälfte hiervon 35 Jahre beträgt, so folgt die Handlesekunst diesem Gesetz und definiert dieses Datum als Lebensmitte.
Die berühmtesten griechischen Philosophen, wie Anaxagoras und Aristoteles, die sich mit der Handlesekunst befassten, nannten die Fläche zwischen dem einundzwanzigsten und fünfunddreißigsten Lebensjahr die „Marsfläche“ oder, symbolisch für den schwierigsten Teil des Lebens, den „Kampf des Lebens“. Diese Jahre werden durch die beiden Seiten des Dreiecks (siehe Abb. 19) dargestellt. Die Abwärtslinie vom Scheitelpunkt des Dreiecks, die die Schick-

salslinie schneidet, zeigt uns das achtundzwanzigste Lebensjahr an. Wenn man diese Grundlagen richtig verstanden hat, dann ist es für jeden Schüler der Handlesekunst ganz leicht, die anderen Jahre ebenfalls zu errechnen.

Weitere Methoden, wie man ein Datum noch genauer ermitteln kann, sind in meinen umfangreicheren Büchern über Handlesekunst, insbesondere in dem Buch „Cheiros Handlesekunst für Alle“, beschrieben. Ein sehr preiswertes Buch, aber es bietet reichhaltige Informationen, die bisher noch in keinem anderen Buch zum Thema behandelt wurden.

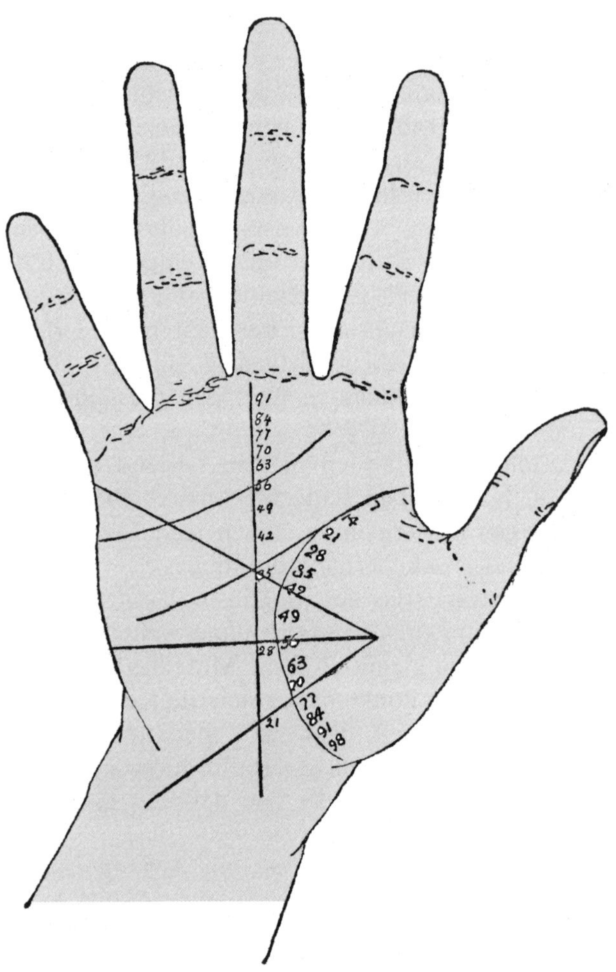

DIE ZEIT – DAS SYSTEM DER SIEBEN
(Abb. 19)

Kapitel X - Der Daumen

Den Daumen (Abb. 20) muss ich separat behandeln, denn ich halte ihn für einen der wichtigsten Indikatoren in der Handlesekunst.

An ihm kann man auf einen Blick das Verhalten, den Charakter und die Veranlagung eines Menschen ablesen. Zigeuner sehen ihn sich immer als Erstes an; sie erhalten dadurch sofort einen Einblick in das Leben der Menschen, mit denen sie zusammentreffen; er ist eine solide Grundlage für ihre Kommentare und Vermutungen. Auch in Indien wird er als besonders wichtig angesehen, und man schenkt Stellung, Form, Kraft, Winkel und Kurven besondere Aufmerksamkeit.

Bereits in sehr alter Zeit spielte der Daumen eine besondere Rolle. Bei christlichen Ritualen und Zeremonien stellte er sogar Gott dar; die kirchliche Segnung erfolgte mit dem Daumen und dem Zeige- und Mittelfinger, wodurch die Dreifaltigkeit dargestellt wurde und der Daumen am mächtigsten war.

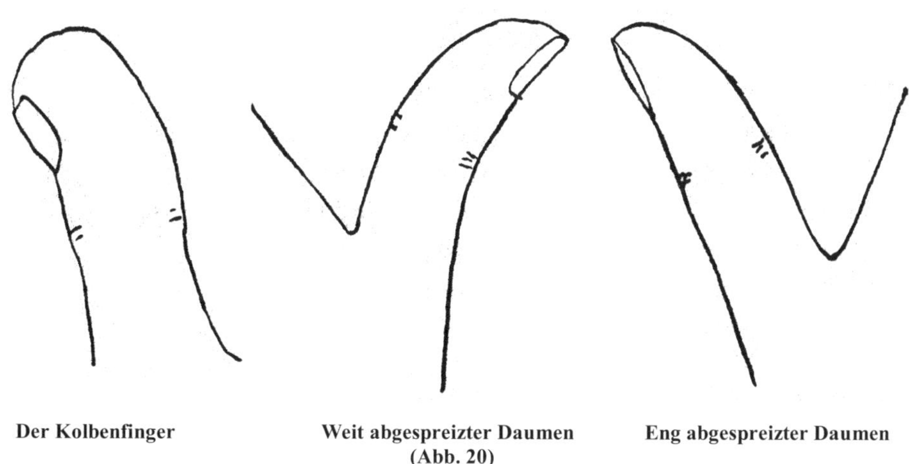

Der Kolbenfinger **Weit abgespreizter Daumen (Abb. 20)** **Eng abgespreizter Daumen**

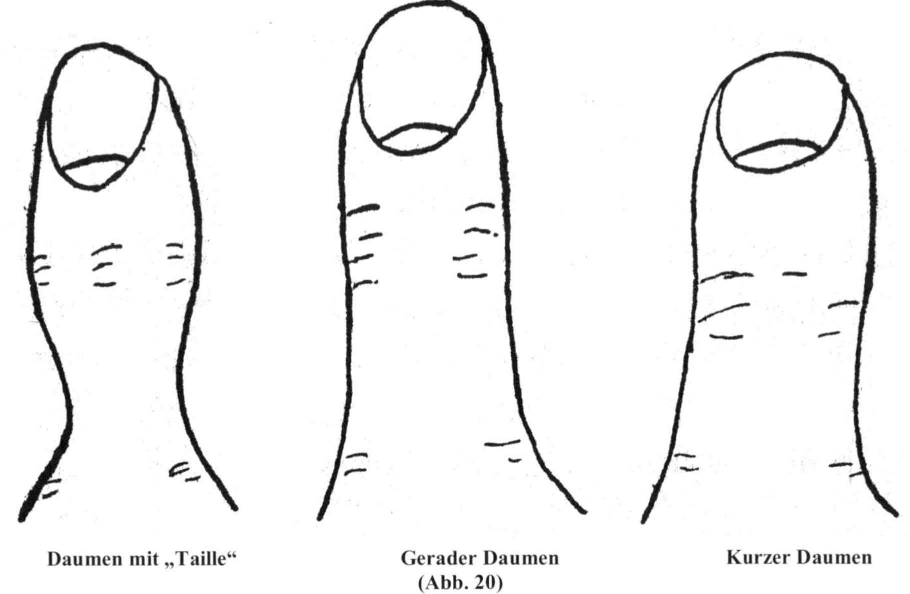

Daumen mit „Taille“ | Gerader Daumen (Abb. 20) | Kurzer Daumen

Man hat auch festgestellt, dass bei neugeborenen Kindern der Daumen immer von den anderen Fingern umschlossen ist, und es ist erwiesenermaßen ein Zeichen für physische oder physische Probleme, wenn das Kind den Daumen weiterhin bedeckt hält. Der Daumen verkörpert auch die drei großen Kräfte, die die Welt regieren – Liebe, Logik und Wille.

- Das erste, oder Nagelglied, verkörpert den Willen
- Das zweite Glied – Logik und Geisteskraft
- Das dritte Glied – Liebe

Das erste Glied (oder Nagelglied)

Ist es lang, gerade und wirkt kräftig, so bedeutet es Selbständigkeit, Selbstvertrauen, Entscheidungsfähigkeit und Führungsgewalt über andere Menschen (Abb. 20).

Ist es dick und nach hinten gebogen – Extravaganz, Verschwendungssucht und Großzügigkeit (Abb. 20).

Ist es flach, dünn und nach hinten gebogen – Beherrschtheit, Ruhe, starkes Entscheidungsvermögen und große Anpassungsfähigkeit im Umgang mit anderen Menschen.

Ist es sehr spitz, dick und nach hinten gebogen – sehr impulsiv und mit extravaganten Ideen.

Ist der Daumen steif und gerade im ersten Glied, dann neigen die Menschen dazu, hartnäckig und halsstarrig zu sein. Es fällt ihnen schwer, sich anderen Menschen oder Umständen anzupassen; sie gehen ihren eigenen Weg – soll doch folgen wer will. Sie sind nicht so höflich wie Menschen mit nach hinten gebogenem Daumen, aber sie sind auf ihre stillere Art zuverlässig und halten ihre Versprechen.

Ist das Nagelglied nach innen gebogen, so ist der Mensch knauserig und geizig in Geldangelegenheiten; sehr vorsichtig und argwöhnisch, er misstraut Menschen und Dingen, verhält sich reserviert und distanziert.

Ist dieses Glied klein und schwach, so bedeutet es Unbeständigkeit, Veränderlichkeit, Unschlüssigkeit. Diese Menschen lassen sich leicht von anderen beeinflussen; sie finden auch keine festen Freunde, da sie immer bereit sind, sich von einem stärkeren Willen dominieren zu lassen.

Der „Kolbenfinger" (Abb. 20) bedeutet ein heftiges Temperament; Menschen mit einem solchen Daumen „sehen rot", wenn man sie reizt und begehen oft einen Mord im Affekt.

Das mittlere Daumenglied

Ist dieses Glied lang und schwer, dann überlegt sich der Mensch jeden Schritt, den er im Leben unternehmen will, ganz genau, ist aber dieses Glied länger als das Nagelglied, dann hat er nicht den Willen, die Kraft und Entscheidungsfähigkeit, um seine Pläne oder Ideen auch durchzuführen. Er kann jedoch ein ausgezeichneter Berater oder Ratgeber für andere Menschen sein.

Sind die beiden Glieder gleichlang, dann hat der Mensch einen starken Willen, ist gleichzeitig sensibel in seinen Ideen, gerecht und ehrenwert und würde ohne Tyrannei regieren.

Ist das Mittelglied dick und klobig, dann hat der Mensch zwar gute Pläne und Ideen, hat aber mit der Durchsetzung Schwierigkeiten, da es ihm an Taktgefühl mangelt. Er ist zwar nicht aggressiv, beleidigt aber die Menschen durch die Art und Weise, wie er die Dinge darstellt. Er sagt und tut problematische Dinge und gerät ständig mit seinen Freunden in Schwierigkeiten.

Ist das Mittelglied dagegen schön geformt und bildet eine Taille, dann ist der Mensch sehr diplomatisch und taktvoll, bis hin zur Doppelzüngigkeit. Man findet dies bei Diplomaten und den Lieblingen der Gesellschaft. Diese Menschen besitzen immer die Gabe, sich aus allen Schwierigkeiten herauszuhalten (Abb. 20).

Das dritte Glied

Dieses Glied befindet sich gegenüber dem Venusberg, unterhalb des Mittelgliedes und verläuft abwärts zum Handgelenk.

Ist es lang, deutlich und von eckiger Form, so verkörpert es die Liebe in ihrer idealen Form. Die Liebe wird mehr als eine heilige Idee der Seele angesehen denn als etwas Vulgäres, Irdisches oder als Sinneslust.

Ist das Glied kurz und plump, so ist die Liebe leidenschaftlich. Hierbei braucht der Mensch immer eine positive Reaktion als Bestätigung, dass seine Gefühle erwidert werden. Er gibt Leidenschaft und fordert Leidenschaft. Ist gleichzeitig der Venusberg groß und markant, so ist die sinnliche Veranlagung des Menschen besonders ausgeprägt.

Vergleiche den Daumen mit dem Zeigefinger – je größer er ist, umso größer sind die intellektuellen Fähigkeiten des Menschen ausgeprägt. Wenn du dies genauer untersuchen und beweisen möchtest, dann sieh dir die Hand eines Affen an (das Tier, das dem Menschen am ähnlichsten ist), und du wirst feststellen, dass die Spitze seines Daumens kaum die Wurzel des Zeigefingers erreicht. Untersuchst du dagegen die Hände von intelligenten Menschen im Vergleich zu Menschen, die eher passiv dahinvegetieren, dann wirst du feststellen, dass der Daumen umso länger ist, je höher die geistigen Fähigkeiten entwickelt sind.

Ist das Nagelglied des Daumen gut entwickelt, was Macht bedeutet, und ist der kleine Finger lang, dann erkennst du daran sofort die Veranlagung, nach Macht und Autorität zu streben. Solche Menschen können andere so beeinflussen, dass sie ihre Ziele erreichen. Diese Eigenschaft verspricht großen Erfolg im öffentlichen oder diplomatischen Leben.

Kapitel XI - Die Nägel

Die Nägel halte ich in der Handlesekunst ebenfalls für besonders wichtig – sie sind ein sicheres Anzeichen für das Temperament und die Gesundheit des Menschen.

Große, runde und bläuliche Nägel zeugen von einem schwachen Herzen und schlechter Durchblutung, besonders wenn der „Mond“ sehr klein ist.

Diese Nägel weisen auf einen schlechten Gesundheitszustand hin.

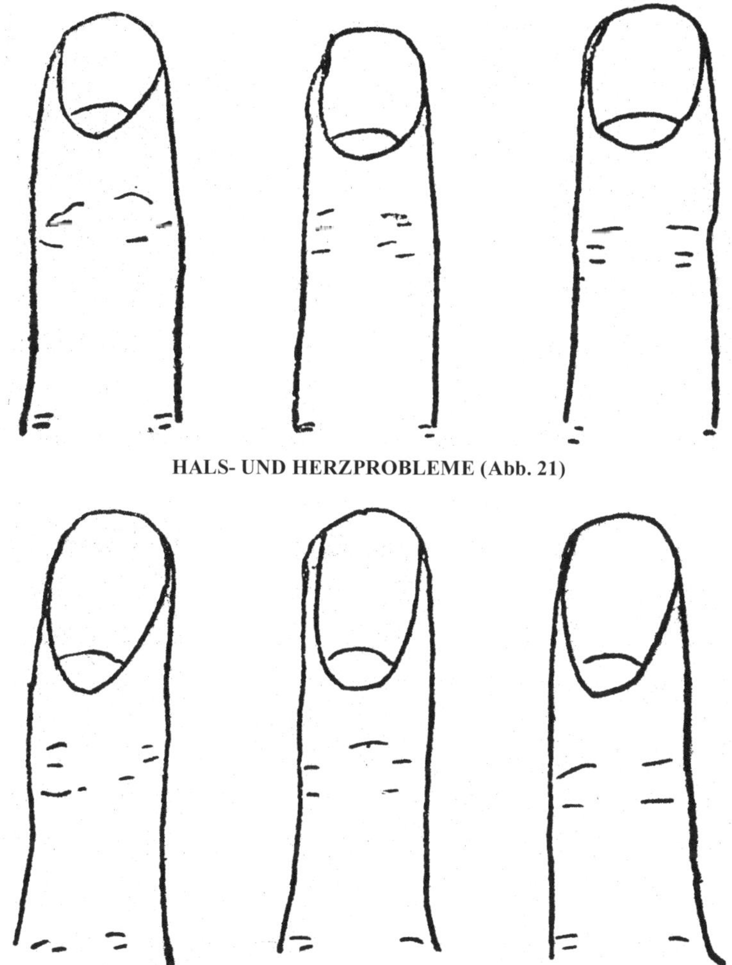

HALS- UND HERZPROBLEME (Abb. 21)

LUNGENPROBLEME (Abb. 21)

Lange, gerillte Nägel sind ein Hinweis auf Schwindsucht, besonders wenn die Nägel nach oben hin breiter werden und gebogen sind (Abb. 21).

Kurze, runde Nägel bedeuten Hals- und Bronchienprobleme (Abb. 21).

Lähmungen sind zu befürchten, wenn die Nägel muschelförmig gebogen sind, nach unten hin spitz und sehr klein (Abb. 22).

Kurze, gut geformte Nägel weisen auf einen kritischen, zum Widerspruch neigenden Charakter hin – und ist er der Nagel des Ringfingers besonders ausgeprägt, bedeutet dies Esprit und die Fähigkeit des Imitierens. Große Nägel, die unten breit sind, versprechen ein seriöses und ordentliches Geschäftsgebaren.

Haselnussförmige Nägel zeigen ein freundliches, gutmütiges Wesen mit der Bereitschaft zum Verzeihen an.

Menschen mit langen Nägeln sind immer ruhiger und resignativer als jene mit kurzen Nägeln.

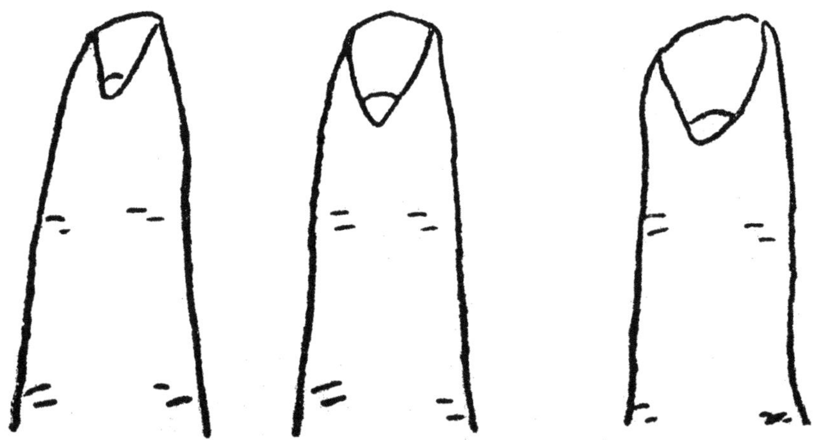

GEFAHR VON LÄHMUNGEN (Abb. 22)

Menschen mit kurzen Nägeln sind normalerweise gute Kritiker, es gelingt ihnen schnell, Einzelheiten zu erkennen und zu formulieren, die Menschen mit langen Nägeln entgehen würden. Menschen mit kurzen Nägeln sind in Diskussionen nur schwer zu schlagen. Sie sind vom Temperament her eher idealistisch, künstlerisch veranlagt und begeistern sich immer für die Arbeiten und die Dinge, die sie interessieren.

KAPITEL XII - ZUSAMMENFASSUNG

Da ich mich inzwischen völlig aus dem Berufsleben zurückgezogen habe, nutze ich die Möglichkeiten des Kinos und dieses kleinen, preiswerten Buches, um so breite Bevölkerungsschichten wie möglich zu erreichen, damit die Welt weitgehend die Gelegenheit erhält, eine Kunst zu erlernen, von der ich überzeugt bin, dass sie *von größtem Nutzen für die Menschheit ist.*

Ich bin überzeugt, dass durch mein Wissen, welches ich auf diese Weise großflächig „aussenden" kann, Tausende, wenn nicht sogar Hunderttausende von Mitmenschen einen Nutzen und praktische Hilfe aus meinen jahrelangen Studien der Handlesekunst ziehen können.

Im Kino konnte ich Abdrücke echter Hände zeigen, um die verschiedenen Regeln, die ich in diesem Buch aufführe, zu erläutern. Hierfür habe ich die Hände bekannter Persönlichkeiten benutzt (von denen ich Handabdrücke erhielt), wie dem großen alten Mann Englands – Gladstone; dem ehrenwerten Joseph Chamberlain, dem ehrenwerten Sir Austen Chamberlain; dem berühmten Forscher, Sir H. M. Stanley, der Afrika durchquerte auf der Suche nach Livingstone; Lord Russell of Killowen, Lordoberrichter von England; dem berühmten Königsberater, Sir Edward Marshall Hall; Prinz Louis Napoleon; Bernhardt; Melba; Calvé Mrs. Langtry und vielen anderen.

Der Umfang dieses kleinen Buches macht es mir nicht möglich, diese Hände abzubilden, aber interessierte Leser, die sich intensiver mit der Handlesekunst beschäftigen möchten, finden diese Abdrücke mit weiteren Einzelheiten in meinem Buch „Sprache der Hand" und anderen Werken, die ich veröffentlicht habe und die im Buchhandel erhältlich sind.

„CHEIRO"

ENDE

Weitere Bücher von Cheiro:

Die Handlesekunst

ISBN 978-3-89094-572-9, 104 Seiten, Softcover, Format DIN-A5

Cheiro ist das Pseudonym eines in England lebenden Aristokraten, der nicht genannt zu sein wünscht. Er widmete sein Leben der Forschung und erlangte auf seinen zahlreichen Reisen umfangreiche Kenntnisse und Erfahrungen in der Chirologie (Handlesekunst).

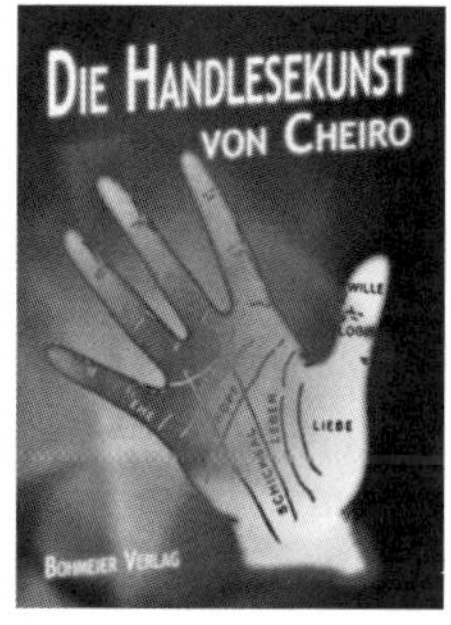

Er bezog hauptsächlich aus alten ägyptischen, indischen und tibetanischen Quellen sein Wissen, so dass das Studium seines Werkes den Erfahrungsschatz von Jahrtausenden auf diesem Gebiet vermittelt.

Es gibt wohl keinen anderen Chirologen, der seine Materie so souverän beherrscht und dabei die Gabe besitzt, sein Wissen so klar und verständlich wiederzugeben. Jedem Schüler oder Anhänger dieser Wissenschaft wird es deshalb sehr leicht fallen, aus diesem Buch vielfältige Anleitung zu schöpfen.

Die Wissenschaft der Chirologie ist ein ausgezeichnetes Mittel zur Selbst- und Menschenkenntnis, eine große Hilfe für die Erziehung und eine wertvolle Unterstützung für den Diagnostiker, denn der daraus geschöpfte Erfahrungsschatz ist im praktischen Leben jederzeit anwendbar.

Cheiro ist der Meister unter den Chirologen!

Demnächst im Bohmeier Verlag:
„Cheiros Handlesekunst für Alle“

ISBN 978-3-89094-607-8

Informieren Sie sich ausführlich unter:
www.magick-pur.de
oder bestellen Sie unseren kostenlosen Katalog!

Weitere Bücher aus dem Bohmeier Verlag:

Handbuch der Handlesekunst

Eine kurze übersichtliche Zusammenstellung für Chiromanten - Die Deutung der Handformen und Handfläche von Gustav W. Gessmann

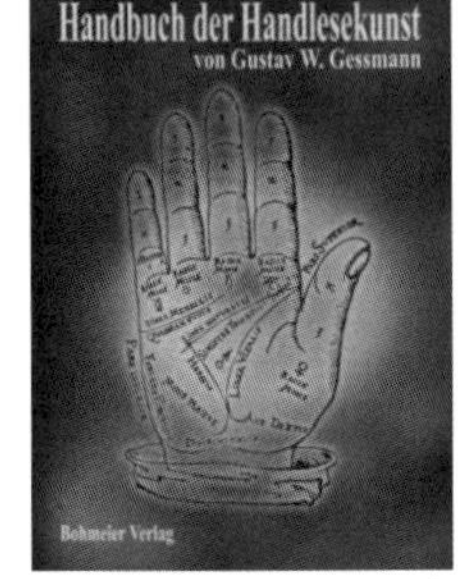

ISBN 978-3-89094-577-4, 88 Seiten, Softcover, Format DIN-A5

"Die Hand ist das Organ der Organe, das Instrument der Instrumente am menschlichen Körper." (Gallus)
"Es liegt doch auf der Hand..." Wer kennt diesen Ausspruch nicht? Und vermutlich hat jeder seine eigene Hand mit ihren komplexen Linien schon einmal genauer betrachtet. Aber was bedeuten diese feinen Linien, Berge und Muster? Was sagen sie über Charakter, Schicksal, Vergangenheit, Gegenwart und Zukunft eines Menschen aus?
Gustav W. Gessmann, Offizier des Danilo-Ordens, stellt mit diesem Werk eine kurze Übersicht der von Chiromanten für die Deutung der Handformen aufgestellten Lehren zusammen. Die Chirosophie, die "Wissenschaft von der Hand", beschäftigt sich mit der Bedeutung der Handform und der auf der Handfläche befindlichen Zeichen. Die Anwendung der aus Handform und Handfläche genommenen Daten zur Prophezeiung hinsichtlich zukünftiger Lebensereignisse des betreffenden Menschen wird Chiromantie, die "Handwahrsagekunst", genannt. Diese ist von uraltem Ursprung und mindestens so alt wie die Astrologie.
Selbst in den Gesetzbüchern Mosis sind bezügliche Andeutungen zu finden. Auch von Aristoteles wird berichtet, dass er auf einem Altar, welcher dem Hermes geweiht war, eine in goldenen Lettern geschriebene Abhandlung über diese Wissenschaft aufgefunden hat.

Dieses Buch wird Sie befähigen, sich selbst, aber auch andere Menschen besser kennenzulernen!

Handbuch der Wahrsagekünste

mit besonderer Berücksichtigung der Handlese- und Punktierkunst und der Sterndeutung von Gustav W. Gessmann

ISBN 978-3-89094-477-7, 184 Seiten, Softcover, Format DIN-A5

Die moderne Wissenschaft bezeichnet die Wahrsagerei als Aberglaube. Aberglaube ist theoretische Magie. Magie ins Praktische umgesetzt, ist Aberglaube. Man kann also jede Handlung, die durch abergläubische Vorstellung initiiert wird, als 'magisch' bezeichnen. Die Gelehrten früherer Zeiten nannten ihr Wissen in ganz charakteristischer Weise 'natürliche Magie' und wollten damit deutlich machen, dass sie auf dem Boden der Naturkenntnis basiert. Die natürliche Magie war somit der Vorläufer unserer Naturwissenschaft. Man könnte demnach die alte Magie mit dem modernen

Patentwesen vergleichen. Es besteht nur der Unterschied, dass heute Patentgeheimnisse sozusagen öffentlich sind, während die alten Geheimwissenschaften nur wenigen als vertrauenswürdig bekannten Personen - zumeist Priesterkasten zugehörig - zugänglich waren.
Dieses Buch gibt einen umfassenden Überblick über alte Wahrsagetechniken. Viele der hier beschriebenen Techniken sind heutzutage kaum noch bekannt. Dennoch schafft es der Autor, diese Techniken und alten Überlieferungen wieder zugänglich, handhabbar und lebendig zu machen.

Aus dem Inhalt:

Einleitung
1. Einweihung eines neuen Medizinmannes
2. Eine "schamanistische" Beschwörungsszene bei den Tungusen

Die verschiedenen direkten und indirekten Divinationsarten • I. Aeromantie (Wahrsagen durch Himmelserscheinungen) • II. Alectryomantie (Wahrsagen durch ein körnerpickendes Huhn) • III. Aleuromantie (Wahrsagen durch verbrennen von Mehl) • IV. Alomantie (Wahrsagen durch verbrennen von Salz) • V. Amniomantie (Wahrsagen durch das Amnioshäutchen) • VI. Anthropomantie (Wahrsagen durch geopferte Menschen) • VII. Apantomantie (Wahrsagen durch zufällige Weggeschehnisse) • VIII. Arithmomantie (Wahrsagen durch Zahlen) • IX. Astragalomantie (Wahrsagen durch würfeln von Tierknochen) • X. Astromantie (Wahrsagen durch die Sterne (Astrologie)) • XI. Axinomantie (Wahrsagung aus Beilen und Äxten) • XII. Belomantie (Wahrsagen durch mit Zeichen versehene Pfeilschüsse) • XIII. Botanomantie (Wahrsagen mit Blätter von Blumen) • XIV. Brechomantie (Wahrsagen durch Regengüsse) • XV. Brizomantie (Wahrsagen durch Traumdeutung) • XVI. Ceromantie (Wahrsagen durch geschmolzenes Wachs) • XVII. Chiromantie (Chirosophie), (Wahrsagen durch Handlesekunst) • XVIII. Coscinomantie (Wahrsagen mithilfe eines Siebes) • XIX. Dactylomantie (Wahrsagen durch zeremonielle Ringe) • XX. Dämonomantie (Wahrsagen mithilfe von Dämonen) • XXI. Fulguration (Wahrsagen durch Blitze) • XXII. Gastromantie (Wahrsagen durch durchscheinende Körper) • XXIII. Geomantie (Wahrsagen durch Linien und Punktation) • XXIV. Gyromantie (Wahrsagen durch Kreise) • XXV. Haruspicium (Wahrsagung aus den Eingeweiden) • XXVI. Hepatoskopie (Wahrsagen durch Leberschau oder Gallenblase) • XXVII. Hydromantie (auch Hygromantie genannt), (Wahrsagen aus Erscheinungen in und auf glänzendem Wasser) • XXVIII. Die kabbalistische Mantik (Wahrsagen durch Zahlenmystik)

Weitere spezielle Techniken der Wahrsagerei
XXIX. Kapnomantie (Wahrsagen durch Rauch) • XXX. Kartomantie oder Chartomancie (Wahrsagen durch Karten) • XXXI. Katoptromantie (Wahrsagen mithilfe von Spiegeln) • XXXII. Kephalomantie (Wahrsagen durch Tierköpfe) • XXXIII. Kleromantie (Wahrsagen durch Lose) • XXXIII. a. Konchylienaudition (Wahrsagen durch Losmuscheln) • XXXIV. Kristallomantie (Kristallschau) • XXXV. Kyathomantie (Wahrsagen mithilfe von Flüssigkeiten) • XXXVI. Kybomantie (Wahrsagen durch Würfel) • XXXVII. Lekanomantie (Wahrsagen mithilfe einer Wasserschale) • XXXVIII. Libanomantie (Wahrsagen aus dem Weihrauch- oder Opferdampf mithilfe von Feuer) • XXXIX. Molybdomantie (Wahrsagen durch Bleigießen) • XL. Nekromantie (Wahrsagen durch Geister- und Totenbeschwörung) • XLI. Oekoskopie (Wahrsagen durch alternde Häuser) • XLII. Onimantie (Wahrsagen durch Daumenfixation) • XLIII. Onomatomantie (Wahrsagen durch Namenanalyse) • XLIV. Onychomantie (Wahrsagen mithilfe von Öl und Ruß) • XLV. Ornithomantie (Wahrsagen durch Vogelbeobachtung) • XLVI. Phyllomantie (Wahrsagen mithilfe des Waldrauschens) • XLVII. Pyromantie (Wahrsagen durch (Opfer-Feuer) • XLVIII. Rhabdomantie (Wahrsagen mithilfe einer Wünschelrute) • XLIX. Zoomantie (Wahrsagen durch Tiere)

Einige Beispiele interessanter Prophezeiungen
Besondere magische Praktiken in bezug auf Divinationsarten: Bildzauber, ChristlicheMantik, Edelsteinschauen, Magische Räucherungen, Das Orakel der "sybellnischen" Bücher, Die Rolle der Schlange in der Mantik, Wahrsagerei durch "Wiedergänger" • Der Spiritismus, Okkultismus.